KB261424

한국어 문화 교육 강의

| 조현용 |

한국어 문화 교육 강의

초판 1쇄 발행 2013년 8월 8일
3쇄 발행 2017년 1월 15일

지은이 조현용
펴낸이 박민우
기획팀 송인성, 김선명, 박종인
편집팀 박우진, 김영주, 김정아, 최미라
관리팀 임선희, 정철호, 김성언, 권주련
펴낸곳 (주)도서출판 하우

주소 서울시 중랑구 망우로68길 48
전화 (02)922-7090
팩스 (02)922-7092
홈페이지 http://www.hawoo.co.kr
e-mail hawoo@hawoo.co.kr
등록번호 제475호

값 7,000원
ISBN 978-89-7699-926-9 03710

한국어 문화 교육 강의

| 조현용 |

도서
출판
夏雨

　제가 대학에 입학하여 국어학을 전공할 때만 해도 외국인이나 재외동포에게 한국어를 가르치는 것은 장래 희망에 포함되지 않았습니다. 저만 그런 것이 아니라 아마 모든 국어국문학과 학생들에게 한국어 교육은 관심 분야가 아니었을 겁니다.

　한국어를 배우려는 외국인의 숫자가 이렇게 많아질 것이라고는 상상조차 하지 못하였을 겁니다. 박사과정에 입학한 1994년 초부터 저는 외국인에게 한국어를 가르치기 시작했습니다. 처음 한국어를 가르칠 때 제일 답답한 것은 여쭈어 볼 선생님이나 선배님들이 없었다는 것이었습니다. 한국어 교육으로 박사학위를 받은 사람은 고사하고, 석사학위를 받은 사람도 거의 없었기 때문입니다. 물론 한국어를 가르쳐 본 경험이 있는 사람도 거의 없었습니다.

　　이제는 한국어 교육 전공 석·박사 과정이 설치
된 대학도 많고, 한국어를 가르치는 선생님들도 정말
많아졌습니다. 한국어 교육 전문가들이 많아지고 있는
것입니다. 하지만 여전히 선생님들은 궁금한 것이 많
고, 답답한 점이 많습니다. 특히 봉사와 희생의 마음으
로 한국어를 가르치시는 분들의 답답함은 여전히 클
겁니다.

　　한국어 교육을 전공하고 있는 저는 세계 여러
나라에 특강을 갈 기회가 많습니다. 정말 놀라운 일이
지요. 한국어 교수가 다른 나라에서 강의할 기회가 많

다는 것은 감격스러운 일이기도 합니다. 열정으로 가득 찬 선생님들 앞에서 강의할 때는 부끄러운 마음도 있지만, 뿌듯한 마음도 있습니다.

이 책은 제가 한국어 문화 교육에 대해서 강의한 내용을 모은 것입니다. 선생님들을 만나면서 나누었던 이야기들이 이 책에 담겨 있습니다. 제 강의를 들으신 경험이 있는 분은 아마 제 목소리나 말투가 느껴지실 겁니다. 앞으로 실제 강의실에서 만날 수 있는 기회를 기대해 봅니다.

강의 내용을 다시 원고로 만드는 데 도움을 준 남유진 선생과 하우 출판사의 여러분들께 감사의 말을 전합니다. 그리고 수업에서 만났던 여러 선생님께도 그리운 마음을 전합니다.

2013년 여름에

조현용 씀

제3강　한국어 어휘와 한국인의 사고 교육　84

1. 우리말에는 우리가 있다　84

제1강 | 한국어 교육에서 고려해야 할 가치

여러분 안녕하십니까? 이번 강의에서는 한국어 교육의 관점에서 볼 때 어떤 점들이 중요하고, 어떤 점들을 고려해야 하는가를 살펴보고자 합니다.

제가 제목을 '고려해야 할 가치'라고 했는데 '가치'라는 것이 여러 가지 뜻으로 해석이 될 수 있겠죠? 여기에서 다루고자 하는 내용은 한국어 교육을 하시는 분들이나 한국어를 누구한테 소개하고자 하시는 분들이 기본적으로 갖고 있어야 할 생각들입니다. 그 생각들이 부정확한 경우가 많기 때문에 한국어 선생님들께서 강의할 때 항상 이 점만큼은 기억하셨으면 좋겠다는 생각에서 가치에 대해 이야기해 보고자 합니다. 가치라는 말은 원래는 가치관이라고 할 때 쓰는 이야기죠. 여기서는 무엇에 가치를 두고 가르칠 것인가에 대한 것이므로 '가치'를 '주안점'으로 바꿔서 설명해도 괜찮을 것 같습니다. 바람직한 관점의 뜻이 됩니다. 이번 시간에는 한국어를 가르칠 때 어떤 점들을 중요하게 생각하면서 가르쳐야 할 것인가에 대해 이야기해 보겠습니다.

1. 사용 빈도에 주목한다

제가 처음에 제시한 말은 '사용 빈도에 주목한다.'인데, 어떻게 보면 참 단순한 말이죠? 사용 빈도에 주목한다는 말은 무슨 뜻일까요? 이 말은 많이 사용하는 말을 가르쳐야 한다는 것입니다. 하지만 이야기하기는 아주 쉬운데 선생님들이 실제 강의할 때를 보면 사용 빈도에 대한 고려는 부족한 경우가 많습니다. 특히 한국어뿐만 아니라 영어 등의 외국어 관련 교재를 보면 잘 안 쓸 만한 표현이 들어가 있는 경우가 많아요. 잘 안 쓰는 표현들이 많이 들어가 있으니, 학생들이 교재를 통해 배운 표현들을 실제로 쓸 기회가 없는 거죠. 한 번 여러분들이 '이것이 실제로 우리가 사용할 만한 문장인가?' 하는 생각을 하면서 교재를 분석해 보세요.

제가 어릴 때 영어 수업을 들었던 것을 기억하면 정말로 평생 안 쓸 문장들만 배운 것들이 상당히 많습니다. 예를 들어 영어 1과에 가장 많이 나오는 게 'I am a boy'예요. 그런데 우리가 실생활에서 'I am a boy'라는 말을 쓸 일이 있나요? 문법적으로는 'I' 다음에 be동사 'am'이 오는 것들에 대해서 이야기할 수 있을지는 모르나, 실제로 그 문장을 쓸 일은 거의 없다는 거죠. 'I am a boy.' / 'You are a girl.' 이 문장들은 제가 중학교 1학년 때 영어 교과서 첫 과에 나왔던 문장들입니다. 하지만 우리가 이 표현을 언제 씁니까? 이 두 문장의 뜻이 뭐예요? '나는 소년이다.' / '너는 소녀다.'입니다. 대화할 때, 아마 이럴 때만 쓸 수 있을 거예요. '어, 너는 소년인 줄 알았더니 소녀구나!'라는 경우에만 쓸 수 있는 거죠. 하지만 누군가에게 그렇게 이야기하면 듣는 사람은 아주 화를 낼 겁니다. 이런 일을 제외한다면 쓸 일이 전혀 없는 문장인 거죠. 그런 문장들이 교재에 아주 많이 들어가 있어요. 그러니까 언어를 열심히 배웠는데 사용을 못하는 거죠. 가장 많이 사용할 만한 상황, 가장 많이 사용할 만한 표현과 어휘에 대한 관심이 있어야 하는 겁니다. 제가 중요한 가치로서 첫 번째 '사용 빈도에 주목한다.'라는 말은 이런 겁니다. 많이 쓰는 것을 가르쳐야 한다는 건 누구나 아는 사실이지만, 실제로 교재를 파고 들어가 보면 많이 쓰는 것이 아니라 덜 쓰는 것을 가르치는 경우가 있다는 이야기입니다.

1) 자모 교육의 예

자, 여러분들이 한글의 자모 교육을 한다고 생각해 보세요. 여러분들이 글자 교육을 하면 어떤 것을 가르치겠어요? 예를 들어 자모 교육을 할 때 사용하는 어휘들 중에 겹받침이 있는 것이 있습니다. 저는 사실 'ㄳ' 이런 것들을 초급 이전의 단계에서는 가르치지 말아야 한다고 생각합니다. 왜냐하면 '사용 빈도에 주목한다.'라는 가치를 놓고 볼 때는 이 'ㄳ'이 들어가는 단어는 거의 필요가 없거든요. 'ㄳ'이 들어가는 어휘는 어떤 것들이 있습니까? 일반적으로 '몫'과 같은 단어가 있어요. 이 단어가 언제쯤 나오겠어요? 처음 한국어를 배우는 자모 단계에서 배웠지만 중급에도 나오지 않아요. 고급에도 나올까 말까 합니다. 지나가는 한국 사람들에게 1년에 '몫'이라는 단어를 몇 번이나 쓰는지 물어보세요. 한 번도 안 쓰는 사람이 대부분일 겁니다. 하지만 교재를 보면 'ㄳ'을 설명하는 단어로 항상 '몫'이라는 단어나 '넋'이라는 단어를 제시해요. 평생 한 번도 안 쓰는 사람도 있을 것 같은 단어인데 말입니다. 그 정도로 사용 빈도가 떨어지는 어휘를 초급에 들어가기 전부터 가르쳤다는 겁니다.

초급에 들어가기 전의 학생들은 당연히 교재에 나온 단어를 외우려고 노력하죠. 하지만 열심히 외우면 뭐해요? 쓸 일이 없는데. 겹받침인 경우에 이런 일들이 굉장히 많습니다. 'ㄾ'같은 것도 있죠? 이런 것들을 가르친다고 할 때는 '훑어보다' 또는 '핥아먹다'라고 할 때 주로 'ㄾ'이 나타나는데, 이 단어들이 쉬운 단어가 아닙니다. 그런 의미에서 보면 어휘나 문장을 제시할 때는 항상 "자주 쓰는 거야?"에 대한 질문을 끊임없이 해야 되는 거죠. 그렇게 질문을 해 보고 자주 쓰는 것이어야만 가르쳐야 하는 겁니다. 자주 안 쓰는 것들은 미리 가르치지 말고 그 어휘가 나올 때 가르쳐야 한다는 거예요. 'ㄳ'이 들어간 경우도 그 어휘가 나올 때 'ㄳ'을 가르쳐 주세요. 굳이 처음부터 가르칠 필요가 없습니다. 한국어가 어렵다고 이야기하는 대부분의 경우에 이유가 뭐냐 하면 선생님이 어렵게 가르쳐서 그런 겁니다. 어렵게 가르치면 어렵죠. 쉽게 가르치면 쉽습니다. 어려운 단어를 잔뜩 가르쳐 놓고 한국어가 쉽기 바란다? 그건 옳지 않다고 봅니다. 그 단계에 맞는, 사용 빈도가 높은 그런 어휘들을 가르쳐야 학생들에게 쉬운 겁니다.

2) 시대 변화의 흐름에 맞는 교육

① 어휘의 예

시대가 변하면 배워야 하는 어휘와 표현들이 조금 달라져요. 예를 들어 '점'이라는 단어를 생각해 볼 수 있습니다. '점'이라는 단어는 쉬운 단어 같습니까? 어려운 단어 같습니까? 예전에 보면 이 '점'이라는 단어는 쉬운 단어가 아니었습니다. 그래서 보통 초급에는 '점'이라는 단어가 어려우니까 안 나왔어요. 사용 빈도의 원리에 맞으니까 잘 한 거죠. 그런데 늘 사용 빈도가 고정적이냐 하면 그렇지 않다는 거예요. 요즘에는 '점'이 중요합니다. 언제 중요합니까? 외국인들이 한국 친구가 생기면 금방 "이메일 주소가 뭐예요?"라고 물어보잖아요. 예를 들어 'khu.ac.kr'에서 '점'을 모르면 당장 이메일 주소를 교환할 수 없어요. 요즘 외국인 학생하고 한국인 학생이 만나면 제일 먼저 뭘 하겠어요? 전화번호를 물어보고 이메일 주소를 물어보고 가끔 가다 홈페이지 주소도 물어봅니다. 이 때 '점'이라는 단어를 모르면 이해를 할 수가 없습니다. 때문에 그 '점'이라는 단어가 사용 빈도의 면에서 봤을 때 이제는 중요한 단어가 되었다는 겁니다.

'한국어를 가르칠 때 사용 빈도에 주목한다.'라는 말은 '이것이 정말 많이 쓰이는 건가?', '학생들한테는 정말 필요한 건가?'라는 생각들을 해야 한다는 겁니다. 대부분의 경우에 주어진 교재만 따라서 가르치지만 그 방법이 꼭 좋은 것만은 아닙니다. 왜냐하면 교재는 변화가 없지만 한국어는 변화가 있거든요. 변화의 흐름

에 맞게 어휘와 표현을 가르치는 것이 중요하다는 이야
기를 드리고 싶습니다.

② 높임법의 예

한 가지를 더 생각해 보면 높임법에 관한 이야기
를 들 수 있습니다. 요즘에 제가 학생들을 가르치면서
고민하는 장면은 이런 겁니다. "밥 먹었어?"의 존댓말은
뭐예요? 제가 어릴 때는 다 "진지 드셨어요?"라고 표현
을 해야 맞는 거였어요. 그런데 요즘에 제가 사람들을
만나보거나 텔레비전 드라마를 보면 "진지 드셨어요?"
라는 장면이 별로 안 나와요. 요즘에는 거의 "식사하셨
어요?"지요. 이런 경우에 사용 빈도라는 것이 조금 애
매합니다. '밥'의 존댓말이 '진지'인데 이제는 "진지 드셨
어요?"라는 표현이 많이 줄어들고 있다는 겁니다.

'나이'의 존대가 '연세'지요? '나이'에서 '연세'로 높
이는 것은 요즘도 사용을 하는데 예전에는 '춘추'가 많
았어요. 근데 요즘에는 '춘추'는 잘 안 쓰고 다 웬만하면
'연세'를 써요. 그러다 보니까 '춘추'의 사용 빈도가 조금
씩 적어지는 거죠.

‘이름-성함’ 말고 뭐가 있나요? ‘함자’도 있고 ‘존함’도 있죠. 제가 어릴 때만 해도 ‘함자’라는 말을 많이 썼어요. 근데 요즘에는 덜 씁니다. 사용 빈도도 변하기 때문에 특히 이런 존대법 같은 경우에는 지나치게 복잡하게 가르치는 것은 좋지 않습니다. ‘학생들이 일반적으로 많이 들을 수 있는 표현을 이야기해 주는 것이 오히려 한국어 교육에 많은 도움이 될 수 있다는 이야기를 드리고 싶습니다.

③ 접미사의 예

접미사 중에 ‘-쟁이’하고 ‘-장이’가 있죠? 보통 선생님들에게 “이 둘이 어떻게 다르냐?”라고 질문을 하면, 본인이 공부를 많이 했으니까 또는 국문과를 나왔으니까 이렇게 답을 합니다. ‘-장이’는 주로 특정한 기술을 가지고 있는 사람, ‘-쟁이’는 그렇지 않은 것이라고요. 맞는 답입니다. 맞는 답이기는 한데 문제는 ‘-장이’라는 말을 우리가 잘 안 쓴다는 거예요. ‘-장이’에 해당하는 단어를 쓰는 일이 거의 없다는 거예요. 특히 한국어를 외국어로서 배우는 외국인들의 경우라면 ‘장이’를 쓸 일이 거의 없습니다.

　　　지나가는 한국 사람들을 붙잡고 물어보세요. '장이'를 쓰나. '장이'가 주로 나오는 단어가 뭐냐하면 '대장장이', '미장이'예요. 제가 30살 가까이 된 한국 사람들한테 '미장이'가 뭐냐고 물어본 적이 있는데 모르는 사람이 절반이에요. 한국 사람도 미장이가 뭐하는 사람인지 몰라요. 아무튼 무슨 기술이 있는 사람이겠죠? 그러니까 '장이'라고 썼겠죠? 아이들도 '대장장이'가 무슨 뜻인지 몰라요. 그런데 왜 '쟁이'가 이런 뜻이고 '장이'가 이런 뜻이라는 것을 외국인들에게 가르쳐 줘야 하는 거죠? 배워서 뭐 할 겁니까? 제가 볼 때는 사용 빈도가 극히 낮은 것을 선생님이 안다는 이유로 가르치는 것밖에 안 된다는 거죠. 그러지 말자는 겁니다.

　　　그래서 접미사를 가르칠 것인가 말 것인가에 대한 기준은 '이게 자주 쓰는 말이냐, 아니냐?'에서 시작돼야 한다는 겁니다. 저는 항상 무엇을 가르칠 때 '이게 자수 쓸까? 이게 외국인한테 필요한 걸까?' 하고 끊임없이 물어봅니다. 그렇다고 판단될 때 가르치는 거죠. 나

중에 정말 '대장장이'가 나오는 장면이 있다면, 이 '대장장이'의 '장이'는 우리가 일반적으로 이야기하는 '욕심쟁이'나 '심술쟁이' 이럴 때 쓰는 '쟁이'하고는 다르다고 그때 설명해 주면 되는 거죠. 그런데 '쟁이'가 나올 때 '장이'까지 굳이 같이 설명할 필요는 없다는 말입니다. 이제 '장이'는 거의 안 쓰는 접미사이기 때문입니다.

④ 과제의 예

요즘에는 손으로 편지를 쓰는 경우는 거의 없는 것 같습니다. 과거에 손으로 편지 쓰는 것이 중요했다면 요즘은 문자메시지를 보낸다든지 아니면 이메일을 보낸다든지 이런 장면이 훨씬 더 중요한 거죠. 문자메시지를 보내는 경우와 손으로 편지나 메모를 쓰는 경우에는 많은 차이점이 있습니다. 그런데 아직도 한국어 교재에 엽서 보내기 또는 편지 쓰기와 같은 과제들이 나와 있다면 사용 빈도, 시대의 흐름과는 동떨어진 것들이 될 수 있다는 거죠.

저는 그래서 "새로 교재를 개발하고 수업 내용을 조직할 때에는 가능하면 최근 학생들이 많이 하는 것들을 중심적으로 하자." 이렇게 이야기를 합니다. "선생님께 문자메시지를 보내 봐라, 문자메시지를 친구에게 보내 봐라"하면 학생들이 재미있어 합니다. 컴퓨터를 활용해서 이메일 보내고 홈페이지에 글을 올리는 활동을 학생들에게 시키면 재미있게 열심히 합니다. 그런데 손으로 편지를 써서 보내라, 우편엽서를 보내라고 하면 잘 안 하죠. 실제로 응용할 일도 별로 없다는 거예요. 그런 의미에서 볼 때 과제 제시에도 사용 빈도가 매우 중요하다는 말을 드리고 싶습니다.

2. 표현과 이해를 분리하여 생각한다

다음으로 '표현과 이해를 분리해서 생각한다.'라는 말에 대해서 살펴보겠습니다. 사실은 이 부분도 우리가 외국어 교육을 할 때나 배울 때 조금 등한시하고 있었던 것이 아닌가 하는 생각이 듭니다.

1) 속담의 예

한국어 수업 시간을 보면 속담을 가르치는 경우

가 굉장히 많습니다. 그리고 속담에 관한 교재들도 많이 있습니다. 속담이 문화도 보여 주고 재미도 있잖아요? 그러니까 자꾸 가르치는 겁니다. 물론 제 첫 번째 원리에 따른 사용 빈도에서도 속담은 그렇게 높은 빈도는 아닙니다. 따라서 사용 빈도의 측면에서는 그렇게 많이 가르칠 필요가 있는 건 아니에요. 예를 들어 '사공이 많으면 배가 산으로 간다.'라는 말을 1년에 몇 번 쓰냐고 주변 사람들에게 물어보세요. 한 번도 안 쓰는 사람이 대부분일 겁니다. 잘 안 쓴다는 거죠. 그런데 속담 교육에서는 늘 가르치는 거죠. 만약 가르치려고 한다면 저는 표현과 이해를 구분할 줄 알아야 한다고 생각합니다. 속담이라고 하는 것은 비교적 한국 사람들끼리 많이 사용한다는 특성이 있습니다. 제가 볼 때는 외국 사람들이 한국 사람들과 이야기할 때 속담을 사용하는 것이 아니라 한국 사람들끼리 많이 사용하고, 학력이 높거나 사회 지도층이거나 이런 사람들보다는 그냥 서민들이 더 많이 쓰는 것 같습니다. 촌에 가면 오히려 속담들을 자연스럽게 많이 사용하죠. 그래서 이런 경우에는 '무슨 뜻인지만 알자. 다 사용할 필요는 없다.' 즉, '이해만 하면 되고 표현은 일단 생각하지 말자.'라고 구별을 해 줘야 합니다.

'서당 개 삼 년이면 풍월을 읊는다.'라는 예를 보세요. 자, 생각해 보면 얼마나 어려워요. '서당 개 삼 년이면 풍월을 읊는다.'를 설명하다 보면 '서당'을 설명하는 데 시간이 한참 걸려요. 그 다음에 '풍월'을 설명할 때는 거의 죽습니다. '풍월'을 어떻게 설명할 거예요? '읊는다'를 설명하는 것도 무척 어렵습니다. 그런데 한국 사람들이 '서당 개 삼 년이면 풍월을 읊는다.'라는 말을 쓰긴 쓴다는 거죠. 그래서 표현보다는 이해 차원에서 속담을 가르친다면, '개', '삼 년' 이런 말들이 나오는 속담은 '어떤 일을 하는 사람 곁에 오래 있다 보면 자기도 자연히 그런 일을 할 수 있는 능력이 생기는 경우'에 쓰는 속담이라고 가르쳐 주는 것입니다. 그러면 그 학생이 나중에 '서당 개 삼 년이면 풍월을 읊는다.'라는 말을 들으면 '그것이 그런 뜻이었지!'하고 이해를 할 수 있다는 겁니다. 즉, '서당'이나 '읊는다'까지 모두 알지 않아도 되는 거예요. 굳이 그것을 표현할 필요가 없는 상황이 더 많다는 겁니다. 그래도 굳이 표현을 하고자 한다면 이해를 완

벽히 한 다음에 그것을 표현으로 바꾸는 작업들이 필요할 것입니다. 완벽하게 이해를 한 다음 한국어로 표현할 수 있도록 도와주는 것입니다.

그런데 지금 한국어 교육의 문제가 뭐냐 하면 '이해'하고 '표현'을 구별해 주지 않는다는 거죠. 그래서 시험 문제에 이렇게 냅니다. '어떤 일을 주변에서 지켜보다 보면 그 일을 자연스럽게 자기도 할 수 있는 것'에 해당되는 속담을 쓰시오. 이렇게 문제를 내면 이것은 표현하라는 문제이기 때문에 안 되는 것입니다. 그게 아니라 '이 속담의 뜻으로 가장 알맞은 것을 고르시오.' 이런 정도라면 이해를 묻는 문제이기 때문에 괜찮습니다. 많은 경우에 표현과 이해를 구별하지 않기 때문에 학습자들이 공부에 부담을 갖습니다. 속담이 얼마나 어려운 거냐 하면, 여러분들이 오랫동안 배운 영어를 생각해 보세요. 영어에서 속담을 몇 개 아세요? 영어를 정말 잘하는 분들에게 물어봐도 아는 속담이 별로 없어요. 사실 그만큼 쓸 일도 별로 없어요. 물론 들으면 알겠죠. 아! 그게 그런 뜻이었지 하고 알 수는 있을 거예요. 그래서 표현과 이해를 구별해 주는 문제가 매우 중요하다는 겁니다.

2) 의성어, 의태어의 예

의성어나 의태어도 그렇습니다. 소리를 흉내 내는 말, 모양을 흉내 내는 말인 의성어, 의태어도 대부분의 경우에 이해가 중요하지 표현이 중요하지는 않아요. '멍멍'이라는 소리가 개 짖는 소리이고 고양이가 '야옹야옹' 운다는 것에 대해서 이해를 할 수 있으면 되는 거지 그걸 정확하게 뭐는 '멍멍'이라고 하고 뭐는 '야옹야옹'이라고 한다는 것을 모두 외울 필요는 없다는 겁니다. 외국 사람들에게 물어봤을 때 한국어 의성어 중에 제일 이해가 안 되는 게 '꿀꿀'이라고 하더라고요. 제가 곰곰이 생각해 봐도 조금 이해가 안 돼요. 돼지 소리가 정말 '꿀꿀'하고는 덜 비슷한 것 같습니다. '야옹', '멍멍'은 그래도 비슷한데 '꿀꿀'이라는 말이 가장 비슷하지 않은 말인 것 같습니다.

또 하나 재밌는 건 뭐냐면, 돼지가 모든 나라에서 다 울 것 같지만 돼지의 우는 소리가 없는 나라가 많다는 겁니다. 의심스럽다면 한 번 생각해 보세요. 우리나라에서는 코끼리가 웁니까? 코끼리 울음소리는 뭐죠? 사슴 울음소리는 뭐죠? 우리나라에도 없는 울음소리가 많아요. 그러니까 우리나라에 있다고 해서 모든 나라에 동물 울음소리가 다 있는 게 아닙니다. 그렇기 때문에 사실상 의성어나 의태어가 좀 어렵습니다. 그러니까 그것을 다 표현하려고 할 필요는 없다는 겁니다. 일단 '꿀꿀'이면 '아, 그게 돼지 소리구나.' 정도만 이해를 해도 된다는 겁니다. 물론 다시 말씀드리지만 시간이 지나서 '꿀꿀'이라는 것을 잘 이해한다면 그때는 표현도 할 수 있겠죠. 처음부터 표현과 이해를 동시에 강조하면 할수록 학습자들은 한국어를 어렵게 생각한다는 것을 말씀드리는 겁니다. 어휘 같은 경우는 특히 그렇습니다. 초급에 나오는 어휘 모두를 다 표현해야 할 필요는 없거든요. 그래서 초급의 어휘 중에서도 조금 어려운 어휘는 이해어휘라고 해서 이해할 수 있을 정도로만 제공해 주고, 그 다음에 그 이해할 수 있는 어휘가 중급으로 넘어가면 표현어휘로 바뀔 수 있도록 해 주는 거죠. 이렇게 항상 학습자에게 한국어를 이해에서 표현으로 바꾸게 도와주려는 노력들이 필요한 겁니다.

3) 기능에 따른 교육의 예

처음부터 동시에 이해와 표현을 주입시키지 말고, 처음에는 무슨 뜻인지 알기만 하면 된다는 것에 주목했다가 다음 단계에서는 이해했던 것을 표현으로 바꾸는 방식들이 한국어 교육에서는 매우 유용한 가치라고 이야기를 할 수 있겠습니다. 그런데 과거에 우리가 외국어 교육을 받아본 입장에서 보면, 제 경험에서는 그런 구분들이 별로 없었던 것 같습니다.

읽기나 듣기에 해당되는 어휘가 어렵겠어요, 아니면 말하기나 쓰기에 해당되는 것이 어렵겠어요? 당연히 그 내용은 읽기나 듣기가 어렵죠. 자신이 읽을 수 있는 만큼만 외국어를 쓴다면 굉장히 잘하는 거죠. 그리고 자신이 들을 수 있는 만큼만 외국어를 말한다면 그것은 또 굉장히 잘하는 걸 겁니다. 왜냐하면 읽기나 듣기의 내용과 어휘가 훨씬 어렵기 때문이죠. 그러니까 당연히 읽기나 듣기에 나와 있는 것은 이해를 위주로 가르쳐야지 읽기와 듣기에 나와 있는 것도 다 쓰고 말하라고 가르치면 안 된다는 겁니다. 하지만 대부분의 경우를 보면 이해와 표현 교육의 구별이 잘 안 되고 있다는 말씀을 드리고 싶습니다.

3. 규범성과 함께 자연스러움도 중요하다

세 번째, '규범성과 함께 자연스러움도 중요하다.'는 것은 사실상 논쟁이 많은 주제입니다. 규범성이라는 말은 주로 우리가 어문규범을 이야기합니다. 일반적으로 국립국어원에서 정해서 지켜야 하는 것으로 맞춤법 문제나 표준 발음 문제 등이 규범적인 것에 해당하는 것들이죠. 맞춤법은 사실상 덜 문제인데 표준 발음은 상당히 문제가 있어요. 이 규범성하고 자연스러움이 다른 경우가 있다는 거죠. 특히 표준 발음에서 그렇습니다.

1) 표기법과 발음의 문제

이제는 두 표기가 다 맞는 것으로 바뀌었습니다

만 '자장면'이 맞느냐 '짜장면'이 맞느냐의 논쟁은 굉장히 중요한 문제였습니다. 나중에 표기법과도 연결되겠지만, "'자장면'이라고 가르쳐야 할까요? '짜장면'이라고 가르쳐야 할까요?"라고 외국학생들을 가르치는 선생님들이 저한테 물어봐요. 그럴 경우에 저는 "짜장면이라고 가르쳐라."라고 대답합니다. 왜 그럴까요? 실제로 제가 한국 학생들에게 "너는 '자장면'이라고 하니? '짜장면'이라고 하니?"라고 물어보면, 대부분 다 '짜장면'이라고 합니다. 저는 '자장면'이라고 하는 사람을 거의 본 적이 없어요. 그러니까 만약에 외국 학생들에게 예전의 규범대로 '자장면'이라고 가르쳐서 그 학생이 어디 가서 "자장면 주세요."라고 하면 한국 사람들은 '아, 한국어를 잘못 배웠구나. 한국어를 잘 못하는구나.'라고 생각한다는 거죠.

발음에 대한 예를 하나 더 들어보겠습니다. [김빱]이 맞습니까? [김밥]이 맞습니까? 규범상은 [김밥]이 맞아요. 그런데 제가 김밥 가세에 가서 유심히 들어봤습니다. [김밥] 달라는 사람이 없습니다. 다 [김빱]을 달라고 하는 겁니다. 그런데 학생한테 규범적인 발음, [김밥]만 가르쳤다면 이 학생이 가서 이상한 한국말을 하는 것처럼 보일 수 있다는 겁니다. 그렇다고 해서 제가 '자장면'이라고 가르치지 말자, [김밥]이라고 가르치지 말자는 것은 아닙니다. 원래 '자장면', [김밥]이 표준이지만 한국 사람들은 거의 '짜장면'이라고 하고, [김빱]이라고 한다는 것을 함께 이야기를 해 주셔야 한다는 겁니다.

그게 어떤 경우에 더 문제가 되냐면 듣기를 할 때 그렇습니다. 한국 사람이 그렇게 발음하는데 외국인이 '어! 저건 무슨 뜻이지?'하면 문제가 되는 거죠. 언어를 배우는 것이 소통을 하고자 하는 건데 소통에 방해가 되는 겁니다.

원래 어문규범이라는 것은 약간 보수적인 면이 있어요. 지금의 표준 발음들은 어떤 사람들이 쓰는 말이냐에 대해서 생각해보면 좀 이상한 면이 있어요. 왜냐하면 요즘 우리는 그런 발음을 쓰지 않는데, 왜 그 발음을 표준 발음이라고 이야기할까? 생각해 보면 좀 이상하죠? 우리 표준어의 규정이 '현대, 서울, 교양 있는 사람들'이거든요. 이 세 가지 기준부터가 조금 애매하

죠. 왜냐하면 교양 있는 사람들은 누구를 교양 있는 사
람이라고 하는 걸까요? 어떤 사람은 교양은 있어 보이
는데 별로 표준어를 안 쓰는 사람도 많습니다. 따라서
첫 번째 '교양 있는'이 조금 애매한 기준이고, 그 다음에
'현대'가 애매한 기준입니다. 제가 볼 때 이 현대는 정확
하게 말하면 현재의 60~70대예요. 60~70대의 서울에
사는 사람을 말합니다. 성확하게 말하자면 서울에서 3
대 정도는 살아야 합니다. 그 사람의 할아버지도 서울
에 살았던 경우에 발음을 들어 보면 [김밥]이라고 하고
[자장면]이라고 발음합니다. 그 발음을 지금 표준 발음
으로 삼고 있는 겁니다. 제가 요즘에 볼 때 이제는 60대
초반 분들도 표준어 화자가 아닙니다. 70대는 가까이
돼야 합니다. 왜냐하면 이 분들도 점점 늙어가고 있거
든요. 그게 지금까지 어문규범으로 되어 있는데, 아무
리 보수적이라고 하더라도 젊은 사람하고 한 50년 정도
차이가 나는 언어생활인데 그것을 외국인에게도 똑같이
규범적인 것으로 강조할 수는 없다는 말씀입니다. 그런
경우에 자연스러운 게 무엇인가에 대해서도 가르치려는
노력들이 필요하겠다는 겁니다. 물론 맞춤법에서는 그렇

게 쓰면 안 되겠죠. '김밥'을 '김빱'이라고 쓰는 것까지 허용하자는 이야기는 아니고요. 특히 한국 사람들이 구어적으로 자연스럽게 많이 쓰는 거라면 그런 부분도 함께 가르치는 것도 필요하다는 말씀을 드리고 싶습니다. 그래야 듣기에서 올바른 이해를 할 수 있습니다.

2) 한국인의 오류 표현

예를 들어서 이런 것들도 있습니다. 저희 집에서 아이들이 저에게 묻는데 "[깨끄시]가 맞아요? [깨끄치]가 맞아요?"라고 합니다. [깨끄시]가 맞죠. 근데 왜 저희 아이가 저에게 그런 질문을 했냐 하면 노래에는 다 [깨끄치]라고 나온다는 거예요. 그래서 노래들을 살펴 보니까 거의 [깨끄치]라고 하더라고요. 그래서 외국 사람이 [깨끄시]만 배웠을 때 누가 [깨끄치]라고 발음하면 '아 이건 무슨 단어야?' 하고 단어가 이해가 안 되는 겁니다. 그래서 [깨끄시]가 맞지만 [깨끄치]라고 발음하는 사람도 있다고 얘기를 해 줘야 듣기에서 [깨끄치]도 이해를 할 수 있다는 거죠.

그런 의미에서 보면 항상 규범성과 자연스러움이 동시에 중요합니다. 특히 의사소통을 강조하는 언어교육에서는 그런 부분이 더 중요하다고 이야기를 할 수 있겠습니다. 물론 한국 사람들을 대상으로 하는 국어교육이라면 올바른 표현들을 해야 하는 거니까 규범성이 더 중요합니다. [깨끄치]라고 하지 말고 [깨끄시]라고 하는 것이 국어교육에서는 반드시 필요한 것이죠. 하지만 외국인들이나 재외동포들에게 한국어를 소개할 때는 자연스럽게 "[깨끄치]라고 하는 사람도 있습니다."라고 이야기해 주는 것이 오히려 필요할 수도 있다는 말씀을 드리고 싶습니다.

제가 늘 재미있다고 이야기하는 것 중에 이 '맞춤법'이라는 단어도 있습니다. 한국어에서 어려운 것 중에 하나가 맞춤법이죠. 그런데 어떤 한국 사람이 저에게 한국어 '맞춤법'이 어렵지 않다고 이야기하더군요. 그래서 제가 그럼 '맞춤법'이라는 단어를 써 보라고 하니까 그 '밎춤밥'의 맞춤법을 틀리더라고요. 맞춤법에서 'ㅈ'을 안 쓰는 경우가 많습니다.

어떤 사람들은 띄어쓰기가 쉽다고 합니다. 제가 '띄어쓰기'를 써 보라고 했더니 띄어쓰기가 틀렸어요. '띄어쓰기'를 붙여 써야 되는데 '띄어쓰기'의 띄어쓰기도 틀리더라고요. 그래서 우리나라 말이 맞춤법도 어렵고 띄어쓰기도 어렵다는 것은 맞춤법이라는 단어를 보면 알 수 있고, 띄어쓰기라는 단어를 보면 알 수 있습니다. '띄어쓰기'는 한 단어이기 때문에 '띄어쓰기'라고 할 때는 붙여 쓰고 '띄어 쓰다'라고 할 때는 띄어 써야 합니다. '붙여 쓰기'라고 할 때는 띄어 쓰고, '붙여 쓰다'도 띄어 써야 합니다. 복잡하죠? 그래서 띄어쓰기, 맞춤법을 잘하는 것도 의외로 힘들다는 것을 한국인의 오류 표현 부분에서 덧붙여 말씀을 드리고 싶습니다.

4. 규칙을 단순화하여야 한다

'규칙을 단순화하여야 한다.'라는 것은 외국인들에게 한국어를 가르치는 문제이기 때문에 그렇습니다. 그러니까 한국 사람들에게 가르칠 때는 규칙이 조금 복잡해도 상관없습니다.

1) 높임법의 예

　높임법 같은 경우도 예전 같으면 '나이-연세-춘추'까지 모두 가르쳐도 돼요. 그런데 지금은 '연세'만 알아도 표현하는 데 큰 문제가 없는데 굳이 '춘추'까지 알아서 복잡할 필요가 있냐는 거죠. 요즘에는 높임법이 크게 2단계로 나누어지는 경우가 많습니다. 옛날에는 높임법이 주로 상대가 누구냐에 따라서 구별이 복잡했습니다. 우리가 상대높임법이라고 하는 것도 6단계로 구별이 되었습니다. 하지만 원래 6단계였는데 요즘에는 복잡하니까 사람들이 그냥 2단계로 주로 많이 씁니다.

　예를 들어서 6단계로 할 때는 '해라/하게/하오/하십시오/해/해요' 이렇게 6단계로 주로 나누었습니다. 물론 이중에서 '해라/하게/하오/하십시오'는 우리가 일반적으로 격식을 차린다고 해서 격식체라고 하고 '해/해요'는 비격식체라고 합니다. 비격식체를 보면 어때요? 반말이냐 존댓말이냐 두 가지밖에 없습니다. 그래서 '해'체는 사실상 조금 애매해요. 이 '해'체가 반말인가요? 반말이라고 하기도 좀 애매해요. 왜냐하면 엄마한테도

'해'체를 쓰는 경우가 많거든요. "엄마 빨리 와."라는 표현도 괜찮죠? 완전히 괜찮다는 것이 아니라 이렇게 사용하기도 한다는 거죠. 그런데 '빨리 와라.'라고는 할 수는 없어요. '해'체가 완전히 낮췄다라고 이야기하긴 어렵죠. 하지만 '해라'체는 분명히 낮춤이죠. 격식체에는 총 네 가지의 구분이 있는데 요즘에는 '하게'체와 '하오'체는 잘 안 쓰죠. 네 가지로 구별을 잘 안 합니다. 두 가지로 주로 하는 셈니다. 주로 '해라'라고 하든지 아니면 '하십시오'라고 하든지 둘 중에 하나만 쓰지 요즘에 '빨리 가게', '어서 오게'는 잘 안 하죠. '어서 오오', '빨리 가오'는 더욱 안 합니다. 이렇게 '하게', '하오'체의 표현들이 사라지고 있어요. 왜 그럴까요? 경어법이 복잡하니까 두 단계로 그 경향이 바뀌는 겁니다. 어휘도 '나이'와 '연세'가 있으니까 '춘추'는 잘 안 쓰려고 한다는 거죠. '밥'이 있고 '식사'가 있으니까 '진지'는 안 쓰려는 경향이 있는 겁니다. '이름'과 '성함'의 구분이 있기 때문에, '함자'나 '존함'은 사용하지 않으려는 경향이 있다는 겁니다. 따라서 외국 학생들에게 가르칠 때는 규칙을 단순화하여 높임이냐 아니냐의 정도로만 시작을 하는 게 좋습니다. 처

음부터 그렇게 복잡하게 다 알아야 할 필요가 뭐가 있
냐는 겁니다. 실제로 보면 언어는 너무 복잡하게 가르쳐
서 문제가 많이 발생합니다.

2) 발음의 예

지금 제가 설명하는 것도 논란의 여지가 있는 겁
니다. 우리가 '왜', '외', '웨'라는 발음을 구별할 수 있습
니까? 굳이 구별을 하려고 한다면 할 수 있겠죠. 그런
데 실제로 발음을 시켜 보면 대부분의 경우에 모든 것
을 [웨]하고 비슷하게 발음을 합니다. "너 어제 왜 안 왔
어?"에서 '왜'를 [웨]로 많이 발음한다는 겁니다. '외국어
대학교 다녀.'에서도 [웨] 발음에 가깝습니다. 그래서 한
국어를 가르칠 때 이 세 개를 정확하게 구별해서 가르
치는 것이 과연 맞는 거냐는 질문인 겁니다. 처음에는
이 세 개는 주로 [웨] 발음으로 된다는 것을 가르치고,
그런데 그것을 정확하게 구별하려고 할 때는 할 수 있다
고 언급해 주는 것이 좋은 거라고 생각합니다. 처음부
터 세 개를 명확하게 구별해야 한다고 하는 순간, 학생
들은 '아, 한국어가 어렵구나.'라고 생각합니다. 실제로

그래요. 나가서 보면 선생님들이 학생한테 정확히 가르치고 실제로 학생들한테 발음할 때는 본인들은 똑같이 발음합니다. 그러니까 학생들이 배운 발음하고 다르니까 혼동을 하는 거죠.

그래서 규칙을 단순화한다는 말은 이런 의미가 있습니다. 항상 '가르칠 내용들이 너무 복잡한 건 아닌가? 단순하게 제시한다면 뭘까?' 어휘도 그렇고 발음도 그렇고 많은 것들에 대해서 고민을 해야 한다는 겁니다. 그래서 지나치게 어려운 표현이나 어휘는 어디까지 가르쳐야 되는가에 대해서 생각해 봐야 합니다. 문법을 가르칠 때도 마찬가지예요. 단계에 맞게 단순화해서 가르치는 것이 좋은 것이지 지나치게 복잡하게 가르칠 필요는 없다고 말씀드리고 싶습니다. 이 부분은 앞의 '표현과 이해' 부분과도 연결되는 건데, 예를 들어 이유를 나타내는 여러 가지 표현에 세밀한 차이점이 있지만 확연하게 큰 차이는 나타나지 않습니다. 그래서 "이유를 나타낼 때는 이걸 써라. 또 다른 것을 나타낼 때는 이걸 주로 써라."라고 사용할 수 있는 것들을 단순화시켜서 가르쳐 주면 한국어로 이야기할 때 자신 있게 이야기하

게 됩니다. 그 차이를 너무 자세하게 보여 주면 오히려
한국어로 말할 때 어려움을 겪게 되는 경우도 많다는
말씀을 드리고 싶습니다.

5. 문화 교육은 언어 교육과 관련된 부분을 제시하여 야 한다

다섯 번째 '문화 교육은 언어 교육과 관련된 부분을 제시하여야 한다.'에 대해서 설명해 보겠습니다. 우선 한국어 교육이 어려워지는 이유가 문화 교육을 너무 많이 해서 그렇다는 점을 지적하고 싶습니다. 그렇다고 문화 교육을 하지 말자는 게 아니라 너무 어려운 것들을 많이 제시하다 보니까 한국어 수업 자체가 어려워진다는 말씀을 드리는 겁니다. 예를 들어 교재에 태극기의 모양에 대해 설명해 놓은 경우가 많이 있습니다. 그런데 이 설명에 사용된 어휘나 문법이 얼마나 어렵겠어요? 제 생각에는 태극기에 대해서 굳이 설명을 하고 싶다면 그 학습자의 모국어로 설명을 해 주라는 것을 권장하고 싶습니다. 그렇게 하면 오히려 자세하게 설명을

해 줄 수 있을 겁니다. '건곤감리', 생각만 해도 어렵지 않습니까?

　　또 다른 예로 '김치 만드는 법' 이런 것을 가르친다고 하면 쉬운 게 아닌 거죠. '어슷썰기' 이런 표현들을 어떻게 설명할까요? 굉장히 어렵겠죠? 그래서 저는 문화와 관련된 것들 중에서도 '한국어 수업 시간에는 언어 교육과 관련된 것들을 주로 다뤄야 한다.'라고 말씀드리고 싶습니다. 예를 들어서 높임법 같은 경우는 한국의 문화를 잘 이야기할 수 있잖아요? 그 다음에 호칭이나 지칭 같은 것들도 우리가 문화를 이야기할 수 있는 것이 많이 있죠. 속담도 마찬가지죠? 속담 같은 경우도 우리가 문화를 소개할 수 있는 것들이 상당히 많이 있습니다. 이렇게 문화를 이야기할 수 있는 것을 언어 속에 포함시켜서 잘 다루면 문화 교육이 그렇게 어렵지 않다는 것입니다. 그런데 '문화 교육'하면, 항상 전통적인 것이나 거창한 것을 많이 생각한다는 문제가 있습니다. 그런 것을 한국어 수업 시간에 한국어로 가르치면, 굉장히 어려운 수업이 된다는 거죠. 그러면 한국어를 배우고 싶은 마음이 서서히 없어집니다.

한국어 수업은 재미있는 수업이고, 한국어 수업은 비교적 쉬운 수업이라는 생각을 가질 수 있게 해야 합니다. 그렇게 하려면 가르치는 분들 자체가 한국어가 쉽고 재미있다고 생각을 할 수 있어야 합니다. 그런 의미에서 볼 때 '문화 교육'의 내용이 학습자가 이해하기에 너무 어려운 것들이라면 차라리 해당 학습자의 모국어로 제시하고, 그렇지 않은 거라면 언어 교육에 들어갈 수 있는 문화가 무엇인가에 대해서 최대한 고민한 다음 그 내용들을 가르쳐야 한다는 생각을 가져 주시면 좋을 것 같습니다.

요즘에는 문화에 대한 내용도 대중문화 또는 현대문화에 대한 것이 많아지고 있습니다. 전통문화는 생각보다 배워도 사용할 게 많지 않아요. 오히려 대중문화나 현대문화는 배워서 곧바로 사용할 수 있는 게 많습니다. 그것을 우리가 어떤 용어로는 '사정 교육'이라고 합니다. 한국의 사정을 잘 안다는 거죠. 만약 한국에 가서 택시나 버스, 지하철을 탄다고 할 때 필요한 교통 문화가 있다는 말입니다. 교통 문화에 대해서 이해를 못하고 있으면 실수를 하게 되는 경우가 많죠. 그런 것들을 언어 교육과 관련시키려면, 길 찾기, 택시 타기 이런 것들과 연결시켜서 그 문화를 자연스럽게 이야기해 주는 겁니다.

예를 들어서 일본에서 택시를 탈 때는 일반적으로 택시 문을 자기가 열고 닫지를 않아요. 대부분의 택시가 자동문입니다. 자동문이기 때문에 한국 사람들이 일본 택시를 탈 때 어떤 문제가 발생을 하냐 하면, 택시에서 내리면서 문을 쾅 닫아서 문제가 생기는 겁니다. 자칫하면 고장 날 수 있는 상황이 발생하거든요. 그럼 일본 학생들이 한국에 왔을 때는 어떤 문제가 발생하겠어요? 택시에서 내릴 때 문 안 닫고 간다는 거죠. 택시 운전사가 깜짝 놀라서 문을 닫고 가라고 얘기를 해도 당연히 그냥 가는 거죠. 왜 그렇죠? 일본에서는 문을 안 닫으니까요. 그러니까 이런 교통 문화나 차 타기에 관련된 문화를 언어와 관련된 장면으로 설명을 해 준다면 훨씬 더 쉽게 문화 교육을 할 수 있는 겁니다.

물론 전통적인 문화, 한국의 전통적인 가구, 복장에 관한 것들이나 한옥의 모양에 관한 것도 교육이 필요합니다. 하지만 그런 것들이 너무 어렵다면 따로 시간을 내어 교육하는 것이 오히려 도움이 된다는 말씀을 드리고 싶습니다.

6. 마무리

1) 한국어에 관심을 갖자

한국어는 살아 있습니다. 언어는 살아 있는 겁니다. 살아서 움직이고 숨 쉬는 겁니다. 그래서 항상 새로운 것이 어떻게 바뀌고 있는지 새로운 표현이 어떻게 나오고 있는지에 대해서 고민을 해야 하는 겁니다. 만약에 한국에서 대학을 다니고 싶은 외국인의 경우 한국 대학생들이 하는 말을 이해해야 합니다. 한국 대학생들의 말을 이해할 수 없으면 대학에 와서 생활하기가 굉장히 어렵죠. 꼭 그들의 표현이 좋다는 것은 아니지만 그런 표현에 대한 이해는 필요하다고 봐요. 어떤 학생이 홈페이지 게시판에다 '저는 자소서가 어려워요.'라고 써 놨더라고요. 그래서 '자소서가 뭐야?'라고 생각하며 찾아 봤더니 자기 소개서의 줄임말이더라고요. 요즘의 대학생들이 실제로 많이 쓰는 말들이죠. '학식에 갔다.'라고 이야기도 합니다. '학식'은 무슨 말일까요? 학생 식당을 줄여서 쓰는 말이에요. 이렇게 말은 계속 변하고 있거든요. 그래서 '그런 말을 쓰자!'는 것이 아니라 한국어를 가르칠 때 또 한국어를 배울 때 한국어가 어떻게 변해 가고 있느냐에 대해서도 우리가 끊임없이 관심을 가져야 된다는 겁니다. 그래야 자연스러움에 대한 이해도 할 수 있고 그 집단과 정확한 의사소통도 할 수 있는 것입니다. 그런 의미에서 새로 변해 가는 말들에 대한 관심도 필요한 가지라고 생각합니다.

'가르치는 것'은 어려운 일이죠. 왜냐하면 내가 그것을 많이 알고 그것들에 대해서 설명을 해줘야 하는 작업이니까요. 그래서 항상 한국어에 대한 관심, 언어에 대한 관심, 상대편에 대한 관심, 상대편 문화에 대한 관심, 상대편 언어에 대한 관심이 있어야 올바른 언어 교육이 이루어질 수 있다는 생각을 하시면 좋을 것 같습니다.

2) 한국어에 담겨 있는 가치를 전달하자

한 말씀만 더 드리면 언어를 가르친다는 것, 언어를 교육한다는 것은 기본적으로 가치와 관련이 됩니다. 우리가 다른 언어를 배울 때, 왜 배우죠? 그 언어를 배워서 그 사람들과의 경쟁에서 이기고자 하는 것이 아니라 그 문화를 배우고자 하는 거죠. 그 사람들의 사고, 가치관을 배우고자 하는 거죠. 기본적으로 그런 생각들을 가져야 할 것 같아요. 가르치는 경우에도 마찬가지죠. 한국어에 담겨 있는 생각, 가치, 이런 것들을 잘 전달해 주고자 한국어를 가르치는 것이지, 한국어를 통해서 상대방을 낮춰본다든지 내가 가지고 있는 것을 너희들에게 베푼다든지 이런 생각들을 가지면 안 됩니다.

언어 교육은 새로운 세상을 보여 주는 힘을 길러 주는 겁니다. 보통 언어는 하나의 세상을 담고 있다고 얘기하거든요. 그래서 한국어를 배우면 또 다른 하나의 세상을 얻게 되는 겁니다. 그런 관점을 가지고 언어 교육을 하신다면 한국어 교육에서 중요한 가치들을 발견하지 않을까 싶습니다. 좋은 한국어의 가치를 소개하시는 여러분들이 되길 바랍니다.

제2강 | 어떻게 한국어를 소개할까?

이번 시간에는 어떻게 한국어를 소개할 것인가에 대한 이야기를 해 보려고 합니다. 한국어를 외국인이나 재외동포나 한국어를 잘 모르는 많은 사람에게 소개할 때 우리가 가지고 있는 기본적인 관점이 있어야 합니다. 하지만 실제로 우리가 한국어를 외국인들에게 소개할 때 제일 큰 문제는 자신이 한국어를 잘 모른다는 것입니다. 제가 제2강에서 드리는 이야기는 아주 어려운 이야기는 아니지만 우리가 잘 모르고, 잘 소개할 수 없는 부분에 대한 이야기입니다.

1. 한국어, 세계 13위의 언어

한국어는 여러분이 생각할 때, 큰 언어입니까? 작은 언어입니까? 사용하는 사람들이 많을까요? 아니면 별로 없을까요? 일반적으로 이야기할 때 한국어는 세계에서 13위에 해당되는 언어라고 합니다. 정확한 수치라고는 이야기할 수 없겠지만 일반적으로도 13위 정도가 맞는 숫자인 것 같습니다. 13위이면서 사용 인구는 보통 7천 700만 명 정도라고 이야기합니다. 7천 700만 명이라는 숫자에는 남한의 숫자와 북한의 숫자가 기본적으로 포함되겠죠. 자 그럼, 남한의 숫자와 북한의 숫자 말고 어떤 숫자가 더 있을까요? 우리가 실제로 한국어를 사용하는 인구를 생각할 때, 간과하는 사람들이 있습니다. 그게 바로 재외동포지요. 재외동포의 숫자를 한국어를 사용하는 인구에 포함시키는 작업이 매우 중요합니다. 그런데 재외동포 중에는 한국어를 잘하는 사람도 있고 잘 못하는 사람도 있기 때문에 그 숫자를 명확하게 이야기하는 것은 어려움이 있다고 생각합니다. 그렇지만 재외동포들에게 한국어를 더 많이 가르치면 가르칠수록 한국어를 사용하는 숫자가 점점 늘어나는 것도 맞지 않겠는가라는 생각을 갖게 됩니다.

1) 재외동포인가, 해외동포인가

제가 재외동포 학생들과 재외동포들에게 한국어를 가르치는 한글학교 선생님, 한국어 선생님이 되고자 하는 사람들, 한국어를 다른 사람들에게 소개하고자 하는 사람들에게 강의를 많이 하는데, 재외동포에 대해서 몇 가지 재미있는 것들이 있습니다. 다 같이 한 번 생각해 볼까요? 여러분도 아마 용어에서 조금 혼동이 되는 사람들이 있을 텐데, 재외동포가 맞습니까, 해외동포가 맞습니까? '재외'라는 말하고 '해외'라는 말에는 차이가 있죠. 제가 어릴 때 기억으로는 항상 '해외에 계신 동포 여러분'이라는 표현을 썼어요. 전국노래자랑이나 가요무대의 인사말이 늘 그랬습니다. 당연히 저는 '재외동포'라는 단어보다는 '해외동포'라는 느낌이 더 맞는 단어처럼 느껴졌습니다. 그런데 '재외동포'라는 표현이 좀 더 익숙해진 계기는 아마도 '재외동포재단' 때문일 겁니다. 이 재단을 만들 때 어떤 이름으로 할 것인가를 고민하다가 최종적으로 '재외동포재단'이라는 이름

이 채택됐거든요. 그래서 그때 처음으로 '재외동포가 맞나 보다.'라는 생각이 들게 됐죠. 그러면 왜 해외동포라는 말을 공식적인 용어로 사용하지 않게 되었을까요? '해외'라는 말에는 기본적으로 바다가 필요합니다. 바다 밖에 나가서 있는 동포들이 해외동포인 거죠. 즉, 바다를 건너가서 만날 수 있는 동포들이 해외동포인 겁니다. 그런데 생각해 보니 우리나라는 어떤 구조로 되어 있나요? 반도잖아요? 반도 구조이기 때문에 해외로 바다를 건너가서 만나는 동포도 있지만 바다를 건너가지 않고 육지로 연결되어 있는 동포도 있더라는 겁니다. 그런 의미에서 말하면 해외동포는 올바른 접근법에 의한 용어가 아닌 거죠. 일본 같은 경우라면 반드시 해외동포가 맞습니다. 일본에서 나온 책들을 보면 해외동포라는 말이 주로 있습니다. 왜냐하면 일본 사람들은 바다를 건너가지 않고는 동포들을 만날 수 없기 때문이죠. 바다를 건넌다는 기본적인 관점에 따라서 해외냐 해외가 아니냐는 차이가 있습니다.

그런데 제가 여기서 심각하게 '문제구나!'라고 생각하고 고민했던 이야기는 뭐냐 하면, 이 '해외'라는 말의 기본이 바다를 건너간다는 이야기였는데 우리나라의 지금의 현실은 휴전선에 가로막혀서 실제로 우리가 중국이나 러시아 쪽의 교포들을 육지로 가서 만날 수 있는 방법은 없다는 겁니다. 그래서 용어상으로는 우리가 재외동포라고 쓰지만 실제적으로 따져 봤을 때는 모두 해외동포라는 점을 말씀드리고 싶습니다. 우리가 지금은 해외동포라는 말을 잘 쓰지 않지만 이 말을 쓸 수밖에 없었던 예선 사람늘도 은연중에 바다를 건너가지 않고서는 결코 동포들을 만날 수 없다는 것을 알고 있었을 것입니다. 그런 의미에서 해외동포냐 재외동포냐에 대한 용어에서도 굉장히 슬프고 문제가 있는 우리의 현실이 그대로 드러나 있다고 이야기를 할 수 있겠습니다. 저는 그래서 종종 이렇게 이야기합니다. '엄밀한 의미에서 재외동포가 될 수 있는 날이 오기를 바랍니다.' 이 말은 우리가 육지로 가서 동포들을 만날 수 있는 날이 오길 바란다는 그런 의미가 되는 것입니다.

2) 재외동포는 우리의 힘

자, 한국어를 사용하는 인구에 포함되는 재외동

포를 이야기할 때 흥미로운 일이 하나 더 있습니다. 조금 전에 '재외동포'냐 '해외동포'냐를 이야기할 때는 슬픔이 있었다면 다른 이야기에는 우리의 힘이 느껴지는 게 하나 있어요. 그것이 뭐냐 하면 세계의 어느 민족이나 나라 중에 지금 전 세계에서 가장 강대국이라고 이야기하는 네 나라에 그렇게 많은 동포 숫자를 갖고 있는 민족은 한국밖에 없다는 겁니다. 생각해 보세요. 우리가 지금 세계의 초강대국이라고 이야기하는 나라가 어디입니까? 미국이죠? 미국에 한인들이 상당수가 있습니다. 200만 명 정도, 가서 잠시 머무르는 사람까지 하면 숫자가 굉장히 많아요. 그 다음에 중국에 우리가 이른바 조선족이라고 하는 동포의 숫자가 상당히 많죠. 다음으로 일본에 우리가 재일동포라고 하는 교포들이 상당히 많습니다. 또 지금의 러시아, 카자흐스탄, 우즈베키스탄, 우크라이나, 키르기스스탄 등으로 구성되었던 옛날의 구소련 관련 국가에도 우리가 고려인이라고 이야기하는 교포들이 상당수가 있습니다. 자, 이 말은 뭡니까? 세계의 초강대국이라고 말하는 이 네 개의 나라에 우리가 그만한 동포가 있다는 것은 사실상 굉장히 큰 힘입니다. 한국이 그렇게 만만한 나라가 아니에요. 왜냐하면 어떻게 보면 그런 중요한 나라에 한국어와 그 나라 언어를 동시에 잘 할 수 있는 인력들을 우리는 이미 갖고 있다는 거죠. 예를 들어 우리나라에는 영어를 잘하고 한국어를 잘하는 사람들이 덜 있다고 하더라도 미국에서 한국어와 영어를 잘하는 교포들은 상당히 많다는 겁니다. 일본에, 중국에, 러시아에, 그리고 구소련 지역에 한국어와 그 나라 언어를 잘하는 사람들이 상당히 많다는 것도 우리가 기억해야 합니다. 그리고 그 사람들이 한국어를 더 잘 배울 수 있도록 도와주는 일에는 우리가 필요한 거죠. 앞으로도 한국어를 잘하는 동포들이 더 많아지기를 바랍니다. 그러면 한국어를 사용하는 인구도 더 많아지고 사용 범위도 조금 더 넓어질 수 있지 않을까 하는 생각이 듭니다. 다시 한 번, 우리가 한국어를 소개할 때 한국어를 사용하는 인구는 정확한 수치라고는 이야기할 수 없겠지만 '7천 700만 명 정도이고 일반적으로 13위에 해당되는 언어다.'라고 이야기하시면 될 것 같습니다.

2. 한글

　　한국어를 소개할 때 우리가 한글에 대해서도 이야기를 많이 하는데, 한글에 대해 일반적으로 우리가 갖고 있는 오해에 대해서 검토해 볼 필요가 있습니다. 제가 제일 많이 이야기하는 것은 '한글이 쉬운 글자인가?'에 대한 의문입니다. 제가 국어를 전공했고, 한국어를 가르치고, 한국어 교사들을 양성하니까 당연히 저에게 물어보면 '한글은 쉬운 글자다.' 이렇게 대답을 할 것 같지만, 저는 꼭 '그런 건 아니다.'라고 이야기를 합니다. 외국 학자들한테 제가 물어보면 어떤 사람들은 쉽다고 얘기하고 어떤 사람들은 굉장히 한글이 어렵다고 이야기합니다. 한글이 어렵다? 글쎄, 우리가 알기로는 굉장히 과학적이고 체계적인 글자인데 한글이 어렵다는 말은 선뜻 이해가 안 되죠? 그런데 실제로 보면 어려운 부분도 있어요.

　　어떤 부분이 어렵냐면, 첫째, 그 글자가 그 글자 같다는 겁니다. 글자의 모양들이 너무 비슷하다는 거예요. 예를 들어 'ㄱ, ㄴ, ㄷ, ㅋ'과 같은 글자들의 모양이 그렇게 차이가 나지 않는다는 거죠. 모음으로 가면 훨씬 더 심각합니다. 자, 'ㅏ'와 'ㅓ' 그리고 'ㅗ, ㅜ'와 같은 것들이 다 그 글자가 그 글자 같아요. 비슷비슷하죠. 그러니까 굉장히 혼동스럽습니다. 한글이 쉽다고 이야기하지만 '한글을 처음 접하는 사람들에게는 그 글자가 그 글자 같다는 느낌이 들 수도 있겠구나.'라는 생각이 들더라고요. 예를 들어서 우리가 영어를 배울 때도 'b'와 'd'는 처음에 혼동하기 쉬운 글자입니다. 일본어 글자에도 비슷한 글자들이 있는데 이런 글자들 때문에 일본어를 포기하고 싶어지기도 합니다. 따라서 한글도 매우 혼동이 되는 글자일 수 있습니다. 그런데 여기서 우리가 한 가지 문제 제기를 할 수 있어요. 그래서 정말로 한글이 어렵다는 거냐? 그게 아니죠. '한글이 만들어지는 방법이나 제자 원리나 이런 것들을 소개하지 않고 단순히 한글의 글자만 가르치면 어려울 수밖에 없겠구나.'라는 반성을 하게 된다는 겁니다. 한글을 소개할 때는 반드시 어떻게 만들어진 글자인가에 대해서 소개를 해 줘야 '그 글자가 그 글자 같다.'는 느낌에서 멀어질 수가 있습니다.

제가 한글이 어렵다는 사람들에게 한글이 만들

어진 방법에 대해 알아본 적이 있는지를 물어보면 사실은 제자 원리에 큰 관심은 없었습니다. 특히 자음보다 모음의 제자 원리에 큰 관심이 없어요. 만약에 여러분들에게 한글의 제자 원리에 대해 물어본다면 여러분들은 어떻게 대답하시겠습니까? 기본적으로 입 모양을 보고 만들었다고 많이 알고 있어요. 하지만 "어떻게 만들었는데?"라고 묻는다면 그건 잘 모릅니다. 그러니 가르칠 수가 없습니다. 지금부터 한글을 소개한다고 할 때 어떻게 만들어졌는지, 어떻게 소개하면 편한지에 대해서도 이야기를 해 보려고 합니다. 자, 그러면 먼저 한글 중에서 자음에 해당되는 부분들을 간단히 소개를 해 보겠습니다. 자음은 그래도 여러분들이 비교적 많이 아시는 것 같습니다. 하지만 이 부분을 소개할 때 보면 좀 많이 부족하다는 느낌이 듭니다. 우리가 자음을 이야기할 때 사람의 입 모양을 이야기하고, 입 모양에서 발음의 위치들을 설명하는 게 중요합니다.

1) 자음

세종대왕께서 자음을 만들 때 입 모양을 보고

만들었다는 것은 다음과 같은 의미가 있습니다. 입의 어떤 위치에서 소리가 나는가를 보여 주는 것이죠. 자, 이제 발음을 좀 해 볼게요. 보통 자모를 가르칠 때 학생들에게 발음을 시키는 장면에서부터 문제가 발생돼요. '가가가가, 고고고고'로 'ㄱ'을 발음했을 때 혀의 위치가 느껴집니까? 혀의 위치가 어떤지 사실상 정확하게 안 느껴집니다. 느껴진다고 하는 사람은 대단한 사람입니다. 지금 우리가 '가'라고 하는 순간을 보면 자음에서 시작해서 모음으로 끝나고 있죠? 모음이라는 말은 입 속에서 떨어진다는 말입니다. 자음을 우리가 순우리말로 이야기할 때 '닿소리'라고 하지요. 닿소리라는 말이 무슨 뜻이에요? 닿아서 소리가 난다는 뜻입니다. 그러니까 입 안에 어딘가에 닿아서 소리가 난다는 뜻이죠. 모음은 다른 말로 뭐라고 합니까? '홀소리'라고 하죠. 모음은 홀로 소리가 나는 것이기 때문에 닿아 있지 않습니다. 그래서 '가'의 경우 모음이 시작되는 순간에 이미 혀는 떨어져 있는 거죠, 'ㄱ'을 발음할 때 어떤 위치였는지 기억이 안 난다는 말입니다. 그래서 교사가 입 모양을 보고 만든 거니까 '가'라고 소리날 때 모습처럼 기억을 만든 것이라고 소개하면 어려워지는 겁니다. "'갸'하고 따라 해 보세요." 이렇게 이야기 하면 학생들이 이해를 못한다는 거죠. 그래서 어떻게 해야 하는가 하면 'ㄱ'을 받침으로 넣고 연습을 시켜야 하는 겁니다. 예를 들면 '각'을 발음해 보라고 하면 됩니다. '각'이라고 하는 순간에 혀가 어떻게 됐어요? 혀가 입천장에 닿아 있죠. 혀의 중간 부분이 올라가 있단 말이에요. 그래서 그 모양을 따라서 기역을 만든 거라고 설명하면 됩니다.

입 모양을 보고 글자를 만들었다는 것은 발음할 때 혀가 어떻게 닿아 있는지, 어떤 모습인지를 보고 글자를 만들었다는 뜻입니다. 그렇기 때문에 가르칠 때 모음이 붙어 있는 '가'를 가르치면 안 되고 자음이 받침에 나오는 '각'을 보여 줘야 하는 겁니다. 그렇게 보면 다른 것도 가능하죠? 'ㄴ'도 '난'이라고 발음해 보면 글자 모양이 나옵니다. 혀끝이 이빨 뒷부분에 닿는 모습이 'ㄴ'입니다.

'ㅁ'을 볼 때 이야기하고 싶은 게 있습니다. 이것도 제가 생각할 때는 한글에 대한 오해라고 생각되는

데, 한글이 독창적인 글자입니까, 아닙니까? 독창적이라고 대답하는 사람이 있고 독창적이 아니라고 대답하는 사람이 있어요. 제가 볼 때는 둘 다 잘못된 답입니다. 물론 질문 자체가 잘못된 거예요. "한글이 독창적인 글자입니까, 아닙니까?"라고 질문을 하기 때문에 문제가 발생되는 겁니다. 그러면 어떻게 질문해야 하냐면, "한글을 만드는 방법이 독창적입니까? 글자 모양이 독창적입니까?" 이렇게 물어봐야 해요. 방법이 독창적이라는 말과 모양이 독창적이라는 말은 많은 차이가 있습니다. 입 모양과 발음을 내는 모습을 보고 글자를 만드는 방법은 독창적입니다. 어느 나라 어느 글자도 그런 방식으로 글자를 만든 것은 없습니다. 매우 독창적인 거죠. 하지만 'ㅁ' 글자를 보면 입 모양을 보고 만들었는데 왜 네모나게 만들었을까요?

입 모양이 네모납니까? 그런데 왜 입 모양을 네모나게 만들었을까요? 훈민정음에도 정확하게 나와 있지 않습니다. 저는 입 구(口)자의 영향을 받지 않았다고 이야기하기 어렵다고 생각합니다. 그 당시에 세종대왕께서 한글의 글자 모양과 그 원리를 알기 위해서 얼마나 많은 문자의 원리와 체계에 대해서 공부를 하셨겠어요? 그런 문자 체계들을 보면서 그야말로 단순하게 발음 기관하고만 비슷하게 만든 게 아니라 알맞은 문자와 좋은 자형을 찾으려고 노력했다는 겁니다. 그런 과정에서 'ㅁ'이 나타나는 겁니다. 훈민정음에서 정인지 선생의 서문을 보면 옛 글자를 모방했다고 했어요. '고전자(古篆字) 모방설'이라고 하는데 옛글자를 모방했다는 말을 보고 사람들이 또 '한글은 독창적인 게 아니다.'라고 오해를 해요. 그런데 그것은 독창적이 아니라는 말이 아니라 글자 모양을 일부 모방했다는 의미인 겁니다. 모방했다는 말을 나쁘게 생각하는데, 제가 판단하기로는 그것은 모방을 한 것이 아니라 공부를 많이 했다는 뜻이에요. 공부를 많이 해서 좋은 글자의 형태를 찾고 만들어 낸 거죠. 제가 자주 하는 우스갯소리지만 'ㅁ'을 입 모양을 본따 만든다고 해서 진짜 입 모양처럼 글자를 만들면 좋겠어요? 글자가 아름답지 않겠죠? 그래서 다양한 글자의 형태들을 보나가 '입에 해당되는 것은 네모라는 글자로 만드는 것이 좋겠구나.'라고 판단을 하셨던 거라고 생각합니다. 그런 의미에서 'ㅁ'이 나오는 거죠.

　　‘ㅅ’은 이의 모습과 관계가 있죠? 한자 치(齒)에 있
는 시옷들은 사실 이를 의미합니다. 윗니, 아랫니의 의
미인 것입니다. 그 다음에 ‘ㅇ’은 목구멍과 관계가 있습니
다. 목구멍의 뻥 뚫려 있는 모습을 ‘ㅇ’으로 형상화한 것
입니다.

　　기본적으로 이 다섯 글자(ㄱ, ㄴ, ㅁ, ㅅ, ㅇ)가 기
본 글자가 되는 겁니다. 다음에 혀 중반 부분에 닿아 있
는 ‘ㄱ’이나 혀의 끝이 닿아 있는 ‘ㄴ’이나, 입술 모양에 해
당하는 ‘ㅁ’이나 이에 해당되는 ‘ㅅ’이나 목구멍에 해당되
는 ‘ㅇ’에 획을 더해서 글자를 만드는 거죠. 앞부분에 이
야기했던 한글의 문제는 뭐였나요? 비슷한 글자가 너무
많다는 것이 문제였잖아요? 그런데 제자 원리를 아는
순간에 비슷한 글자가 많은 게 장점이 되는 거죠. 비슷
한 글자는 비슷한 위치에서 소리가 나기 때문에 비슷한
발음이 되거든요. 영어에서 ‘k’하고 ‘g’는 표기에서 전혀
관계가 없죠. 하지만 한국어에서 ‘ㄱ’과 ‘ㅋ’은 관계가 매
우 깊어요. 비슷한 글자는 비슷한 발음이 난다는 거죠.
‘ㄴ’에 해당되는 ‘ㄷ’도 사실은 발음의 위치가 거의 비슷
해요. ‘ㄴ, ㄷ, ㅌ, ㄸ’ 모두 발음의 위치가 비슷하니까 모

양도 비슷한 거죠. 글자의 모양이 비슷하다는 말은 발음의 모양이 비슷하다는 말이 되기 때문에 이렇게 설명을 하면 한글이 쉬운 글자가 되는 거죠. 그런데 그 배경 설명 없이 그냥 'ㄱ, ㄴ, ㄷ, ㄹ…'을 죽 처음부터 끝까지 보여 주면 한글이 어렵고 혼동스러운 글자가 되는 겁니다. 그래서 자음을 소개할 때는 기본적으로 입 모양을 소개한다든지 제자 원리를 설명한다든지 하는 방법으로 설명을 하면 학습자들이 훨씬 더 편하게 한글을 이해할 수 있다는 말씀을 드리고 싶습니다.

'ㄹ'이라는 글자도 참 재미있는 글자이기는 한데, 어떤 사람은 'ㄹ'을 'ㄱ'에서 시작해서 'ㄴ'으로 가는 글자라고 이야기합니다. 그 말도 일리가 있는 말 같습니다. 'ㄹ'을 발음하면서 혀가 움직이는 모습이 'ㄱ'과 'ㄴ'이 만나는 모습 같다고 이야기하는데 일리가 있다는 생각이 들어요.

ㄱ	ㄴ	ㅁ	ㅅ	ㅇ
ㅋ	ㄷ	ㅂ	ㅈ	ㅎ
ㄲ	ㅌ	ㅍ	ㅊ	
ㄸ	ㅃ	ㅆ		
ㄹ		ㅉ		

‘ㅁ’과 관계되는 것은 ‘ㅂ, ㅍ, ㅃ’가 있죠. 이것은 국어학에서도 수수께끼에 속하는 건데요. ‘ㄱ’ 다음에 ‘ㅋ’이 오는 것은 한 획만 그어주고, ‘ㄴ’에서 ‘ㄷ’도 마찬가지인데, ‘ㅁ’에서 ‘ㅂ’으로 갈 때는 두 개가 올라간다는 거죠. 그게 좀 이상하죠? ‘ㅍ’은 그나마도 옆으로 누워 버렸어요. 그래서 이게 국어학에서도 수수께끼에 속합니다. 만약에 한국어를 가르치시는 분들이나 국어학하시는 분들한테 “저진 왜 지래요?”라고 물어보시면 답을 하실 수 있는 분들이 많지 않을 겁니다. 근데 제가 가지고 있는 힌트가 있습니다. ‘ㅁ’이 어떤 글자하고 유사하다고 했습니까? 한자의 입 구(口)자하고 유사하다고 그랬죠? 몽골의 파스파 문자하고 비슷하다는 이야기도 있고 인도의 어떤 문자와도 비슷하다는 이야기가 있어요. ‘ㅁ, ㅂ’은 아까 말씀드린 〈정인지서〉에 보면 옛 전자를 모방했다는 그런 말이 나옵니다. 서예 작품을 보시면, 전서로 되어 있는 서예 작품들이 많은데 재미있는 것은 입 구(口)자를 ‘ㅂ’으로 쓰는 경우가 많다는 것입니다. 그래서 전서에서는 옛 고(古)자의 ‘口’ 부분을 ‘ㅂ’으로 쓰는 경우가 많았다고 합니다. 한번 찾아보세요. 제가 생각할 때 확정적이라고 이야기할 수는 없지만 'ㅁ'에서 'ㅂ'으로 넘어가는 동기는 한자의 전자와 관계가 있을 것이라고 생각을 합니다. 'ㅍ'은 더 어렵습니다. 사실 찾기가 어려웠습니다. 'ㅍ'은 오랫동안 항상 학생들한테도 찾아보라고 이야기를 하고 제가 직접 옛날 책이나 문자들도 찾아봤는데 'ㅍ'자하고 비슷한 자를 찾기가 어려웠습니다. 그런데 최근에 전자(篆字)와 관련된 웹사이트로 검색해 보니 'ㅍ' 형태를 찾을 수 있었습니다. 아마 'ㅍ'도 전자에서 힌트를 얻은 글자라고 생각이 됩니다.

다음으로 'ㅅ, ㅈ, ㅊ'은 쉽게 발음이 비슷하다고 생각합니다. 'ㅅ'이 사실은 이빨과 이빨 사이에서 나죠. 'ㅊ'를 발음할 때도 약간씩의 위치는 다르지만 그래도 비슷합니다. 음운을 공부하는 사람들이 어떻게 글자를 그렇게 비슷비슷하게 잘 만들었냐고 감탄하는 글자 모양들입니다.

다음으로 'ㅇ'하고 가장 관계있는 글자는 'ㅎ'이죠. 저는 'ㅇ'하고 관계있는 글자가 'ㅎ'이라는 것도 굉장히 재미있다고 생각해요. 영어의 'h'의 음하고 한국어의 'ㅎ'하고는 조금 달라요. 한국어 'ㅎ'의 가장 큰 차이점이 어떤 것이 있냐면 소리가 안 날 때가 많다는 거죠. 어떤 사람은 'ㅇ'은 음가가 없는 것이 아니냐고 이야기를 합니다. 그런데 제가 볼 때 이 부분은 동양철학적으로 이야기를 해야 하는지, 불교차원에서 이야기해야 하는지 모르겠지만 있는 것 같기도 하고 없는 것 같기도 합니다. 뭔가 없다고 이야기하기에는 있는 것 같고, 있다고 이야기하기에는 없는 것 같은 그런 음이 'ㅇ'이 아닌가 싶습니다. 왜냐하면 'ㅇ'하고 가장 비슷한 글자가 'ㅎ'이란 말이에요. 사실 중세 국어에는 'ㅇ'과 'ㅎ'의 중간에 해당하는 '여린 히읗(ㆆ)'도 있었죠. 그런데 'ㅎ'은 실제로 발음을 해보면 발음이 안 되는 경우가 많습니다. 제가 외국 학생들에게 이렇게 가르친 적이 있어요. "따라하세요. 감사합니다." '감사합니다'를 가르칠 때 한글을 전혀 모르는 학생들이어서 영어로 발음을 썼어요. [kamsahamnida]라고 쓰니까 어떤 학생이 바로 질문을 했어요. "언제 [h] 발음을 했습니까?" 하고. 저는 분명 '감사합니다'라고 이야기했는데 그 학생은 [ㅎ] 발음이 전혀 안 들렸던 거예요. 실제로 그 말을 듣고 나서 생각해 보니까 [ㅎ] 발음이 잘 안 들려요. 그때 'ㅎ'하고 'ㅇ'을 비교해 보면 한국 사람들은 차이를 알고 있는데 듣는 사람은 안 들었다고 하니까 있다고 이야기하기도 뭐하고 없다고 이야기하기도 뭐한 그런 음들이 'ㅎ'과 'ㅇ' 같은 글자들이라고 이야기할 수 있을 것 같습니다. '하늘' 같은 글자들은 당연히 [ㅎ] 발음이 나죠. 그런데 [ㅎ] 발음이 중간에 들어가는 경우에는 거의 소리가 안 납니다. 묵음화 되는 것입니다. '결혼' 같은 경우에도 [결혼]이라고 정확히 발음이 안 됩니다. [겨론]처럼 들리게 되죠.

자, 이렇게 자음 같은 경우도 연관성 있게 설명을 해 주고, 이야기해 주면 학습자의 흥미를 불러일으킬 내용이 많습니다.

2) 모음

실제로 제가 중요하게 생각하는 것은 자음보다 모음입니다. 모음에 대해서는 선생님들도 지나칠 정도로 설명을 안 하는 경향이 있습니다. 선생님들이 설명을 안 했으니까 학생들은 당연히 모릅니다. 제가 선생님들을 대상으로 하는 강의에서는 모음을 강조해서 이야기를 많이 합니다. 아무래도 자음에 대해서는 아는 사람들이 많이 있거든요. 그런데 모음에 대해서 아시는 분들은 많지 않은 것 같습니다. 모음의 기본글자는 우리가 일반적으로 'ㆍ, ㅡ, ㅣ'라고 이야기합니다. 'ㆍ'를 우리가 아래아라고 합니다. 왜 'ㆍ'를 '아래아'라고 이름 지었냐면 발음이 [아]하고 비슷해요. '가'라고 할 때는 옆에다 쓰잖아요. 그런데 'ㄱ'라고 할 때는 아래에 써요. 그래서 이것을 아래쪽에 쓴다고 해서 '아래아'라고 합니다. 지금은 없지만 세종대왕께서 한글을 만드실 때에는 '아래아'가 있었죠. 'ㆍ'와 'ㅡ', 'ㅣ'가 기본 글자입니다. 한글 창제의 기본 원리가 음양의 조화에 있으니까 이 세 글자가 합쳐서 조화를 이루어 새로운 글자를 만들었다고 이야기를 합니다. 'ㆍ'를 하늘, 'ㅡ'를 땅, 'ㅣ'를 사람이라고 이야기합니다. 이것을 천지인(天地人)이라고 하는 것입니다.

제가 외국 학생들한테 'ㅣ' 글자가 어떤 모양 같으냐고 물어보면, 사람이라고 이야기하는 사람은 오히려 적고 '나무'라고 이야기하는 사람이 많았습니다. '하늘과 땅 사이에 뭐가 있을까?'라고 물어보면 저는 당연히 사람이라고 이야기할 것 같은데 나무라고 이야기하는 사람들이 의외로 많더라고요. 한국 사람들의 사고 속에서는 하늘과 땅을 이어주는 존재는 사람인거예요. 제가 생각할 때도 사람이 중요한 것 같습니다. 하늘을 이고 살고, 땅을 밟고 사는 건 맞지만 사람이 없다면 하늘도 무의미하고 땅도 무의미하죠. 그래서 사람이라면 하늘도 잘 섬기고 땅도 잘 공경하고 돌보고 고마워하고 그래야 하는 거겠죠. 한글 모음의 이 세 글자에서는 그런 개념을 가지고 있어야 합니다.

그런데 하늘이라는 말에서 약간 오해가 있을 수 있는 것 같습니다. '·'가 하늘이라는 것은 맞는데, 하늘은 양과 밝은 것에 해당되는 거지요. 'ㅡ'는 주로 음에 해당되는 겁니다. 그래서 양과 음의 조화가 이루어지는 건데, 여기서 오해가 생긴다고 이야기하는 것은 '·'를 하늘이라고 보면 해석이 안 될 때가 많기 때문입니다. 예를 들어서 'ㅏ'라는 글자가 'ㅣ·'와 같이 만들어진 글자인데, 사람 오른쪽에 태양이 있는 글자입니다. '·' 모양을 하늘이라고만 이야기했을 때는 왼쪽에도 하늘이 있을 수 있지 않느냐는 의문이 생깁니다. "하늘이 오른쪽에만 있을 수 있나요? 오른쪽에도 있고 위쪽에도 있을 수 있잖아요?" 이런 질문을 받으면 대답이 조금 궁해집니다. 그래서 우리가 일반적으로 하늘이라고 이야기할 때는 양의 밝은 하늘이니까 이른바 '태양이 있는 하늘'이라고 보면 조금 더 편할 거 같습니다. 태양이 있는 하늘이라고 보고, 아래아에 대한 관점들을 밝은 하늘 쪽으로 보셔야 합니다. 그렇게 되면 글자 속의 내용이 조금 더 달라집니다. 자, 한번 보세요. 'ㅣ·'라는 글자를 볼 때, 사람이 있지 않습니까? 다시 말씀드리면 하늘이 오른쪽에만 있나요? 여기도 있고 저기도 있고 여러 군데 있을 수 있죠. 그런데 태양이 있는 하늘, 양의 밝은 하늘이라고 볼 때는 오른쪽에 있다는 것은 중요한 의미가 됩니다. 오른쪽에 태양이 있는 하늘이 있다면 여기에서 우리가 한국어의 중요한 원리를 설명할 수 있어요. 태양이 오른쪽에 있다고 하면 이것이 밝은 겁니까, 어두운 겁니까?

태양이 동쪽에서 뜨죠? 'ㅣ·'에서 '·'가 오른쪽,

즉, 동쪽에 있으니까 이것은 밝은 모음이 돼야 합니다. 그래서 'ㅣ·'라는 음이 밝은 모음이라는 것은 글자 모양만 봐도 알 수 있습니다. 그러면 자, 반대쪽, 왼쪽으로 넘어갑시다. 태양이 서쪽으로 갔습니다. 그러면 '·ㅣ'는 밝은 모음입니까, 어두운 모음입니까? 어두운 모음이 되는 거죠. 왜냐하면 해가 지는 모습을 이야기하는 거니까요. 'ㅣ·'가 밝은 모음이고, '·ㅣ'는 어두운 모음이라는 것을 글자 모양을 보면 알 수 있다는 것은 놀라운 일입니다. 그런 힌트에서 보면 'ㅗ'는 밝은 모음일까요, 어두운 모음일까요? 땅에서 태양이 떠오르고 있는 모양이잖아요. 밝은 하늘이 위에 있는 겁니다. 당연히 밝은 모습이죠. 자, 'ㅜ'는 땅 아래 태양이 지고 있는 모습이죠. 이런 경우에는 해가 진 거니까 어두운 모음입니다. 'ㅏ'와 'ㅗ'가 밝은 모음이라는 것, 'ㅓ'와 'ㅜ'가 어두운 모음이라는 것을 글자 모양만 보면 알 수 있다는 점에서 한글 모음자의 우수성을 알 수 있습니다. 세종대왕께서 한글을 창조하실 때 밝은 모음은 밝은 모음끼리 어두운 모음은 어두운 모음끼리 조화를 이루는 우리말의 모음조화를 잘 알고 계셨기 때문에 그 모습을 글자에 담으려고 한 것입니다.

　　그런데 이런 설명이 전혀 없으면 'ㅏ'와 'ㅗ'가 그 글자가 그 글자 같다고 얘기하는 거예요. 글자 모양이 비슷하다는 거죠. 그러니까 배워도 기억이 안 나는 겁니다. 만약 우리가 학생들에게 'ㅏ'는 해가 동쪽에 있는 것, 'ㅓ'는 해가 서쪽에 있는 것, 'ㅗ'는 해가 뜬 것, 'ㅜ'는 해가 진 것이라고 얘기하면, 글자 모양만 봐도 밝은 모음인지 어두운 모음인지 금방 알 수 있다는 겁니다.

　　예를 들어 '-어라/아라', '-어요/아요'나 '-어서/아서'의 구별은 앞에 오는 어간의 모음에 따라 결정됩니다. '먹-'이라는 어간이 오면 '-어요'가 되어야 하잖아요. 그걸 어떻게 알았어요? '먹-'의 'ㅓ'가 어두운 모음이니까 어두운 모음끼리 조화를 이루는 것입니다. '먹다'라는 말이나 '웃다'라는 단어 같은 경우는 '먹어요', '웃어요'가 되는 것은 어떻게 알 수 있나요? 어간 모음의 모양을 보면 '아, 이게 모음조화에서 음성모음에 해당되는 것이구나.'라고 알 수 있다는 것입니다.

　　그래서 'ㅓ, ㅕ, ㅜ, ㅠ'는 음성모음입니다. 'ㅡ'는 음에 해당되는 땅의 모습이기 때문에 '물건을 들다.'라고 할 때 '들아요'가 아니라 '들어요'가 되는 겁니다. 그래서 어두운 모음은 어두운 모음끼리 밝은 모음은 밝은 모음끼리 조화를 이루는 우리말의 모습들을 잘 설명해 주고 있는 게 바로 '한글 모음 창제 원리'라고 말할 수 있습니다. 그래서 저는 모음 글자를 설명할 때 그냥 단순하게 이건 '천지인의 모습을 따온 거야!'라고만 설명하면 안 되고, 이 글자가 어떻게 만들어졌는지에 대하여 이야기해 주셔야 된다고 생각합니다.

3) 음운

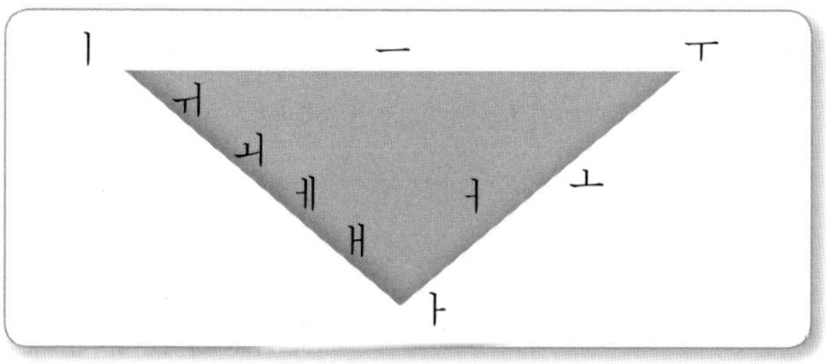

자, 이번에는 음운에 관련된 것을 간단하게 설

명 드리겠습니다. 보통 모음 음운을 이야기할 때는 역삼각형을 그립니다. 이것을 '모음 삼각도'라고 하는데 모음 삼각도의 모양을 보면 우리나라 모음의 위치를 알 수 있습니다. 앞에서 자음에 대해서 이야기할 때 자음의 조음 방법과 모양을 알기 위해 자음을 받침에 놓고 발음해야 한다고 이야기하지 않았습니까? 모음은 그 모양을 얘기할 때 손을 턱에 놓고 이야기하면 조금 편합니다. 손을 턱에 놓고 그 느낌을 기억하셔야 해요. 모음 중에 힘이 제일 센 음은 'ㅣ'입니다. 'ㅣ'가 맨 앞에서 제일 높게 있어야 합니다. 발음해 보시면 'ㅣ' 하는 순간에 혀가 제일 위에 올라가 있습니다. 그리고 혀가 제일 앞에 나와 있죠. 'ㅣ'부터 'ㅏ'까지는 턱이 벌어지는 모습이 됩니다. 턱이 제일 안 움직이는 모습으로 'ㅣ, ㅡ, ㅜ'를 발음하면 혀만 뒤로 가게 됩니다. 근데 정확하게 말하면 약간씩 내려가기는 합니다. 'ㅣ, ㅡ, ㅜ'를 발음할 때 턱이 약간씩 내려가는 것을 느끼셨다면 음운론에 소질이 있으신 분들입니다. 약간씩 혀가 뒤로 가는 것은 분명히 느껴지시죠? 자 그럼 'ㅜ'부터 발음해 보겠습니다. 여기서 내려갈 때는 턱이 같이 내려가는 거죠. 'ㅜ, ㅗ,

ㅓ, ㅏ'라고 발음해 보면 턱이 내려갑니다. 자, 여기서 외국 사람들이나 한국어를 잘 모르는 사람들이 많이 틀리는 부분이 나옵니다. 'ㅗ'와 'ㅓ' 같은 경우를 보세요. 거의 턱의 변화가 없어요. 거의 턱이 안 내려갑니다. 'ㅗ'와 'ㅓ'의 턱의 변화가 거의 없기 때문에 그 발음이 그 발음 같게 느껴지는 겁니다. 일본어 같은 경우에는 아예 'ㅓ' 발음이 없습니다. 그래서 'ㅗ'와 'ㅓ'를 잘 구별하지 못합니다. 거의 떨어지지 않는 거예요. 이런 식의 발음들이 정확하게 어떤 위치에서 어떤 소리로 난다는 것을 설명해 주면 조금 더 구별하기가 좋습니다. 'ㅗ'보다 'ㅓ'를 발음할 때 어떻게 해야 되냐 하면 의도적으로 턱을 조금 떨어뜨려야 합니다. 한국 사람들이 발음할 때는 'ㅗ'와 'ㅓ'에서 턱의 높이가 별로 차이가 나지 않지만 한국어를 잘 못하는 외국 학생들이 발음할 때는 턱을 조금 더 떨어뜨려야 합니다. 그러면 발음이 조금 더 명확하게 구별되죠. 턱의 높이를 명확하게 구별하지 않고 'ㅗ'와 'ㅓ'를 발음해서는 외국 사람들이 두 모음을 잘 구별하지 못합니다.

앞에서 'ㅣ' 발음이 제일 세다고 말씀드렸죠? 그

런 이유로 '귀, ㅐ, ㅔ, ㅚ'와 같은 발음들이 'ㅣ'를 좇아서다 앞으로 오게 되는 겁니다. 이런 경우에 'ㅔ, ㅐ'가 잘 구별하기 어렵다는 문제가 발생합니다. 그래서 우리가 '네가'라고 얘기할 때, '네'인지 '내'인지 구별이 잘 안 되는 거예요. 이 두 발음들은 굉장히 혼동이 됩니다, 정확하게 두 발음을 구별하는 사람은 거의 없는 것 같습니다. 그래서 이것도 명확하게 구별하려면 턱의 높이를 달리 해야 합니다. 턱을 조금 더 떨어뜨리는 발음으로 '개'라고 발음해 주시고, '게'는 턱의 높이가 달라지는 거니까 조금 더 올려서 그 위치를 잘 설명해 주시면 음운을 소개할 때 좀 더 분명해질 겁니다. 음운에 대해서 재미있는 이야기들도 많이 있지만 기본적으로 이 혼동하기 쉬운 음들을 설명하는 방법을 잘 기억해 주시면 좋겠습니다.

외국인이 혼동하는 자음의 경우를 하나 덧붙여서 말씀드리겠습니다. 외국인들이 한국어 자음의 'ㅈ, ㅊ' 같은 음운의 발음을 어려워하는 경우가 많습니다. 여러분들한테 "'텔레비전'이 맞아요? '텔레비젼'이 맞아요?"라고 맞춤법을 물어보면 '전'이 맞는지 '젼'이 맞는지 조금 혼동이 될 거예요. 왜냐하면 발음을 해 보면 [젼]하고 [전]이 구분이 잘 안 됩니다. 한국어의 'ㅈ, ㅊ'은 뒤에 'ㅣ'모음이 붙어있는 느낌입니다. 그래서 우리가 "너 가져."라고 할 때 [가져]라고 발음했는지 [가저]라고 발음했는지 구분이 잘 안 됩니다. '종이'와 같은 것들도 발음할 때 [ㅗ]라고 발음한 건지, [ㅛ]라고 발음한 건지 구별이 잘 안 되죠? 왜냐하면 'ㅈ'이나 'ㅊ'음은 뒤에 'ㅣ'모음을 달고 다닙니다. 그래서 외래어 표기법에서는 이런 이중모음을 쓰지 않습니다. 그래서 만약에 외래어 표기법에 대하여 이야기를 하신다면 한국어의 'ㅈ'이나 'ㅊ' 발음은 이런 특징 때문에 이중모음으로 쓰지 않는다고 이야기해 주시면 좋을 것 같습니다. 그러니까 "'초콜릿'이 맞아요, '쵸콜릿'이 맞아요?"라고 물어본다고 해도 무조건 다 'ㅗ'인 겁니다. 'ㅛ'라고 쓰지 않습니다. '텔레비전'이 맞아요? '텔레비젼'이 맞아요? 외래어 표기법 중 'ㅈ'이나 'ㅊ' 뒤에는 이중모음은 쓰지 않는다는 것을 명심하셔야 할 것입니다. 외국의 지명을 표기할 때도 마찬가지입니다. "'뉴저지'가 맞아요? '뉴져지'가 맞아요?"라고 물어보면 사실 발음으로는 구별이 잘 안 돼요. 발음해 보면 'ㅓ'

로 발음한 건지 'ᅱ'로 발음한 건지 구별이 됩니까? 그래서 '뉴저지'를 쓸 때도 꼭 'ᅥ'로 써야 됩니다. '뉴져지'라고 쓰면 안 된다는 겁니다. 영어 발음이 그렇지 않냐고 이야기하시는 분이 있는데, 이것은 영어의 발음 문제가 아니라 한국어 표기법의 문제인 겁니다. 한국어에서는 'ㅈ'이나 'ㅊ' 발음의 특성이 그렇기 때문에 그렇게 표기해야 한다고 할 수 있습니다. 모음과 자음의 음운을 설명할 때 조금 더 재미있는 방법으로 정확하게 설명해 주시면 학습자들이 이해가 더 잘 될 겁니다.

3. 한글과 어휘

한글과 어휘는 앞에서 문자와 발음에 관한 얘기를 자세히 했기 때문에 간단하게 덧붙여서 설명을 하려고 합니다. 한글을 가르칠 때 문자도 중요하지만 어휘도 역시 중요하다는 이야기입니다. 한글을 가르칠 때, 즉, 학생들이 문자를 배울 때 예로 드는 어휘들이 있습니다. 그런 어휘들을 아무 어휘나 막 사용하면 안 된다는 겁니다. 물론 아무 어휘나 제시하지는 않겠죠. 하지만 일정한 기준과 원칙은 없는 듯합니다. 그래서 어떤 어휘를 선택해서 제공할 것인가에 관한 구체적인 고민이 있어야 한다는 것을 말씀드리고 싶습니다. 첫 번째 원칙을 말씀드리자면 구체적인 명사를 제시하는 게 좋습니다. '사과'나 '배'라든지 '형'이나 '어머니' 또는 '아버지'와 같이 그림을 보여 주면서 이야기를 하는 것처럼 명확하게 이해할 수 있는 것이 좋습니다. 그런 것이 학습자의 이해에도 좋습니다. 그런데 구체적이지 않고 추상적인 명사인 '행복' 같은 것을 제시한다면 그런 것들은 좀 어렵습니다. 언어마다 나라마다 정의나 느낌이 다 달라질 수 있습니다. 마찬가지의 관점에서 형용사와 동사도 좀 어려울 수 있습니다. 아무래도 추상적인 것들은 한글 자모 단계에서는 조금 어려울 수 있다고 얘기해 드릴 수 있겠습니다.

두 번째로 이 문제도 중요하다고 생각되는데, 초급에 나오는 어휘여야 합니다. 일반적으로 나오는 단어가 너무 어려우면 학생들이 흥미를 잃습니다. 그래서 최소한 그 초급 교재에 나오는 어휘를 가지고 한글 연습을 시켜야 합니다. 한국어 교재 중에서 제가 그 책이 좋은 책인지 나쁜 책인지 구분하는 방법 중의 하나가 자모를 가르칠 때 나오는 어휘가 지나치게 어렵지 않은가 하는 것입니다. 만약 어휘가 지나치게 어려우면 '아, 이 책을 지은 사람들이 어휘에 대한 생각이 별로 없구나.'라고 판단을 합니다. 그래서 자모를 가르칠 때 사용하는 어휘는 실제로 초급에 해당되는 어휘인 게 좋겠다는 것입니다. 또한, 발음에 도움이 되어야 합니다. 그래서 발음 연습에 도움이 될 수 있게 다양한 발음에 해당되는 어휘를 배치하는 것이 좋습니다.

사실 학습자는 한글을 배우는 단계에서 어휘에 대한 관심이 굉장히 큽니다. 이 단계에서 200개 정도의 단어를 외우는 것은 그렇게 어려운 일이 아니에요. 하지만 그럴수록 기준을 가지고 어휘를 제시해야 한다는 거죠. 그래서 글자를 배울 때 단순하게 글자만 가르치지 말고 글자와 어휘의 연관성들에 대해서 다루어 어휘에 대한 기억들을 오래 남게 만드는 겁니다. 'ㅅ'을 가르칠 때 '사과'도 가르치고 '사자'도 가르치는 거죠. 'ㄴ'이 나올 때 '나비'도 가르치고 '나'도 가르치고 '너'도 가르치고 '누나'도 가르치고 그래서 그 단어들을 익숙하게 만들어 주면 초급 단계로 넘어가서 한국어를 가르칠 때 훨씬 더 쉬워집니다. 그런데 대부분의 경우에 그런 연관성들에 대해서 좀 등한시하는 경우가 있어요. 초급에 나오는 어휘들을 발음 연습을 위해서 선정하되 가능하면 구체적인 명사를 최대한 포함시키는 게 좋겠다는 말을 다시 드리고 싶습니다.

한글은 한국어를 소개하는 시작 단계이기 때문에 매우 중요한 의미가 있습니다. 왜냐하면 다른 나라에는 일반적으로 고유한 문자가 없는 경우가 많지 않습니까? 한국어를 소개할 때에 한글을 어떻게 소개하고, 한국어의 발음을 어떻게 소개하고, 그 글자와 발음과 어휘를 어떻게 연결시켜 줄 것인가에 대한 고민과 공부가 매우 필요하다고 생각합니다. 그래서 여러분들이 오늘 들었던 내용들을 생각해 보시면서 내가 실제로 한국어를 소개한다면 어떻게 소개할 것인가에 대한 여러분들 나름대로의 그림들을 그려 놓으시기 바랍니다. 저는 항상 한국어 교육에서 문자 교육, 한글 교육이 매우 중요한 시작점이라고 생각합니다. 이 강의를 통해서 한글의 제자 원리나 한글의 교육 방법에 대해서 더 알 수 있는 기회가 되었다면 좋겠습니다.

자, 이번 시간에는 한국어의 어휘와 한국인의 사고에 대한 이야기를 나눠 볼까 합니다.

1. 우리말에는 우리가 있다

여러분들이 한국 사람들의 사고를 알려면 여러 가지 방법들이 있겠죠? 한국 사람들의 생활방식을 본다든지 한국 사람들의 옛날이야기나 신화와 같은 것을 보는 방법이 있을 겁니다. 그중에서 저는 '한국 사람들의 생각을 가장 잘 알 수 있는 것은 어휘다.'라고 이야기하고 싶습니다. 왜냐하면 어휘는 오랜 역사 속에서 한국인의 생각이 반영되어 있는 낱말들이거든요. 그 낱말들이 어떻게 변화되어 왔는지 또 어떤 이야기를 담고 있는지를 살펴본다면 여러분들이 한국 사람들의 사고를 이해하는 데 더 도움이 될 겁니다. 이 낱말들이 조금 더 길어지면 관용어, 관용 표현, 속담 등으로 확대됩니다. 이런 것들도 넓은 범위에서는 어휘에 포함될 수 있습니다. 그래서 이번 시간에는 언어와 사고에 관련된 이야기들을 하나씩 하나씩 살펴보려고 합니다.

우리가 언어를 이야기할 때 단어라는 표현도 쓰고 어휘라는 표현도 쓰는데 단어하고 어휘는 사실 조금 다릅니다. 쉽게 생각하면 단어장이 있지 않습니까? 단어장이라고 하는 것은 자기가 모르는 낱말들을 하나씩 하나씩 기록해서 외우려고 하는 것을 말합니다. 단어장이라고 할 때에 한 단어는 다른 단어와의 연관성이 없습니다. 그런데 어휘는 단어와 단어 사이에 연관성이 있는 겁니다. 제가 생각할 때 어휘라는 말에서 우리가 가장 눈여겨봐야 할 것은 '연결'입니다. 단어와 단어가 어떻게 연결되어 있는지에 관심을 가져야 합니다. 그야말로 연결이라는 것은 나와 남을 이어 주는 것 아닙니까? 인디언 인사말에 '미타쿠예오야신'이라는 말이 있습니다. 그들은 '안녕하세요?' 대신에 이 말로 인사를 한다고 합니다. 이 말의 뜻은 '우리는 연결되어 있다.'입니다. 참 좋은 인사라고 생각합니다. 나와 당신은 연결되어 있다는 것, 나와 자연은 연결되어 있다는 것은 매우 아름다운 생각입니다. 제가 생각할 때는 그 연결 고리를 파악하는 게 굉장히 중요한 일인 것 같습니다. 철학도 그렇고 종교도 그렇습니다. 너와 내가 둘이 아니고 연결되어 있다는 것이 굉장히 중요한 원리죠.

어휘도 마찬가지입니다. 어휘에서 제일 중요한 것은 연결되어 있다는 것입니다. 단어와 단어가 어떻게 연결되어 있는지, 의미적으로든 형태적으로든 어떻게 연결되어 있는지를 안다면 우리가 그 어휘의 모습, 또 그 어휘 속에 담겨 있는 한국인의 사고를 파악하는 데 큰 도움이 될 겁니다. 그래서 제가 우선적으로 설명을 드리고 싶은 부분은 '어휘의 연결되어 있는 부분들을 어떻게 파악할 것인가'에 대한 것입니다. 제목에서 보시다

시피 '우리말을 보는 방법'이라고 이야기를 했는데, 지금 우리말 속에 우리가 있다고 이야기를 했을 때, "들어 있는 건 알겠는데 들어 있는 것을 알아낼 수 있는 방법은 없을까?"라는 물음을 던질 수가 있습니다. 그때 보는 방법이 필요한 거죠. 우리말 어휘의 구조가 어떻게 되어 있고, 어휘가 어떻게 다른 어휘와 연결되어 있는지를 보는 방법을 아는 게 굉장히 중요합니다.

이번 시간에는 그 중에서 특별히 두 가지 정도의 방법들을 이야기해 보려고 합니다. 우리가 한국어에 대해 공부하고, 한국어를 가르치지만 실제로 한국어의 어휘와 어휘 사이의 구조에 대해서는 그다지 공부하지 않은 것 같습니다. 몇 가지 기본적이지만 우리가 자주 배우지 않는 그런 내용을 한 번 살펴보도록 하겠습니다.

그 중에 제가 제일 중요하게 생각하는 것은 바로 '명사와 용언' 간의 관계입니다. 보통 우리가 용언이라고 하면 일반적으로 동사와 형용사를 이야기하죠. 우리말의 기원들을 찾아 올라가 보면 용언, 즉 동사나 형용사의 어간에 해당하는 부분이 명사와 관련이 있는 것이 상당히 많습니다. 그래서 동사를 보면서 어떤 명사와 관련되어 있는가를 살핀다면 한국 사람들의 사고를 밝히는 데 큰 도움이 될 수 있습니다. 모든 어휘가 다 그런 것은 아니지만 주요한 어휘들 중에 그런 어휘들이 많기 때문에 그런 점들을 마치 수수께끼를 푸는 것처럼 하나씩 살펴본다면 훨씬 더 재미있는 언어 공부가 될 겁니다.

2. 우리말을 보는 방법 1: 명사와 용언의 관계

명사와 동사, 형용사의 관계에 관한 이야기를 우리의 몸에 해당하는 어휘를 가지고 해 보겠습니다.

1) 신체

우리의 몸에 해당되는 동사들 즉, 몸의 움직임을 나타내는 동사들이 있습니다. 예를 들어서 몸의 가장 아래부터 시작을 하면 신발이 있죠. 우리는 '신발을 신다'라고 이야기합니다. 그러면 '신다'를 먼저 볼까요?

'신다'는 무엇하고 관계가 되는 단어입니까? 우리가 조금 전에 이야기한 용언의 어간 부분은 어떤 명사, 원래 그 의미를 가지고 있는 명사와 관련이 있다고 이야기를 한다면 '신다'는 '신'과 관련 있는 단어입니다. '신을 신다'라고 이야기를 하죠. '신'과 관련이 있는 단어죠. 그러면 기본적인 하나의 수수께끼를 풀었어요. '신다'는 '신'하고 관계가 있는 거죠.

조금 변형이 되는 경우도 있습니다. '밟다'는 무엇과 관련이 있을까요? 전에는 전혀 생각해 보지 않았을지 모르지만 기본형에서 '다'를 빼면 느낌이 오죠. '밟다'는 발로 하는 겁니다. 그래서 이것은 '발'과 관련이 되는 단어예요. '신다'가 '신'과 관련이 되는 단어라면 '밟다'는 '발'과 관련이 되는 단어지요.

그 다음 단어들을 본다면, 이 단어는 어원적으로나 국어사적으로 조금 복잡한 측면이 있지만, 외국인들에게 특히 한국어를 가르치거나 소개할 때는 쉽게 응용을 하셔도 되는 단어입니다. 국어사적으로 봤을 때는 약간의 논란의 여지가 있다고 말씀드릴 수 있겠어요. 왜냐하면 기본형이 옛날에는 그것이 아니었기 때문이죠. 하지만 관련성은 있을 거라고 봅니다. '발' 다음에 올라오니까 무엇이 있어요? '달리다'가 있죠. '달리다'라는 말은 역시 움직임을 나타내는데 '다'자를 빼고 나니까 '다리'와 관계가 되네요. 일반적으로 우리가 '달리다'라는 말과 '다리'를 연관시키지 않았었는데, 그 연결 고리를 갖게 되는 거죠. 발과 '밟다'를 연관시키지 않았었는데, 우리가 연결 고리를 갖게 되는 것처럼 말입니다. 우리가 한국어를 배우고자 하는 외국 사람들에게 단어를 가르칠 때 단순하게 동사는 동사, 형용사는 형용사, 명사는 명사로 가르치지 않고 연결 고리를 알려 주는 겁니다. 그러면 어휘가 쉬워져요.

조금 더 올라가 볼까요? 단순한 단어 중에 '배다'가 있죠. '배다'라는 말은 '임신하다'라는 뜻이죠. 이 단어를 보니까 무엇과 관련이 있습니까? '배'하고 관련이 있죠. 요즘에는 '배다'라는 말이 조금 의미가 달라져서 사람한테는 주로 '임신하다'라는 말을 주로 쓰고 동물의 경우에는 새끼를 '배다'라는 것을 많이 쓰는 것 같아요. 하지만 '배다'라는 것의 '배'도 신체어인 '배'와 연결이 되는 단어입니다. 그러니까 전혀 엉뚱한 단어들이 아니라는 거예요. 많은 단어들이 서로 연결되어 있는데 문제는 늘 그 연결 고리를 설명해 주지 않는다는 거죠. 연결 고리가 중요합니다.

이것은 우리나라 말만 그런 것도 아닙니다. 다른 나라 말도 그런 경우가 많습니다. 일본어의 경우에도 '임신하다'는 하라무(はらむ)라는 단어인데 하라(はら)가 '배'라는 단어입니다. '배다'와 '배'가 일본어에서도 서로 연결되어 있는 것입니다. 그런 단어들이 굉장히 많습니다.

그럼 조금 더 올라가 볼까요? 조금 더 올라가 보면 '품다'가 있죠. '가슴에 품다' '품다'라는 단어는 이제 더 설명할 필요도 없지 않아요? '품다'는 뭐하고 관계있는 단어예요? '품'하고 관계있는 거죠. 그래서 '엄마의 품', 가슴을 의미합니다. 따뜻한 품, 품속에 잠들고 싶다고 할 때의 '품'과 연결된 단어입니다.

하나 더 올라가 볼까요? 신체어 중에 제일 아래가 '신다'였다면 제일 위에 해당 되는 건 뭐가 있을까요?

머리 위로 하는 행위 '빗다'가 있습니다. '빗다'라는 단어도 생각해 보면 너무 간단하게 '빗'과 관련이 있는 거죠. 빗으로 빗는 거니까요. 그래서 우리가 외국 학생들에게 한국어 단어를 이야기할 때 맨 아래부터 '신-신다', '발-밟다', '다리-달리다', '배-배다' '품-품다', '빗-빗다'까지 연결해서 관계를 설명해 줄 수 있습니다.

그런데 제가 한국어 선생님한테 물어봐도 이렇게 연결시켜서 가르치는 경우는 거의 없는 것 같습니다. 같은 어원에서 출발했다는 것을 몰라요. 두 개가 연결이 되어 있는 단어라는 것을 모르니까 다 따로 가르치는 거죠. 그러니까 당연히 어렵죠. 그래서 단어와 단어를 연결시켜 주는 것이 중요합니다. 그런 단어들의 예를 조금 더 보여 드리겠습니다. 여러분도 생각을 해 보면 금방 알 수 있을 겁니다. '비추다'에서 '다' 자를 빼고 보니까 뭐가 보여요? '빛'과 관련된다는 거죠. '비치다'도 비슷해요. '비치다'도 '빛'과 관련된 단어입니다. '비추다'나 '비치다'를 가르칠 때 명사인 단어 '빛'을 가르치면 연결이 되는 거죠. 다 따로따로 가르치는 것은 단어이고 연결이 되면 어휘가 됩니다.

2) 색채

　　'붉다'는 빨간색에 해당하는 거죠. 우리가 아마
도 그동안 생각을 안 해 본 어휘일 겁니다. 한국 사람들
은 무엇을 '붉은색'이라고 생각했을까요? '붉다'의 어간
을 보세요. 뭐가 보이나요? '불'이죠. 그래서 '불'이 '붉다'
가 되는 겁니다. '붉은색'에 대한 기원이 '불-붉다'가 되
는 거죠. 우리나라 사람은 불을 붉은 것으로 생각한 것
입니다. 불조심 포스터를 보면 무의식적으로 모두 빨간
색으로 불을 그리고 있습니다.

　　자, 그럼 '푸르다'라는 단어를 봅시다. 한국 사람
들이 생각하는 '푸르다'는 영어에서의 'BLUE'와는 뭔
가 느낌이 다르죠. 색깔이라는 게 나라마다 느낌이 조
금 다른 거 같아요. 특히 한국 사람의 '푸르다'하고 영어
의 'BLUE'하고는 다른 것 같아요. 미국의 음악 중에 블
루스가 있죠. 블루스는 일반적으로 우울한 느낌이 있
죠. 반면 한국어의 푸름은 우울한 느낌이 없거든요. 서
양 사람들에게 물어보면 한밤 중에 뭔가 푸른빛이 감도
는 그런 느낌도 '푸르다'고 생각하는 경향도 있는 것 같

아요. 그러니 당연히 우울한 느낌이 있을 수 있죠. 그런데 한국어 '푸르다'는 이 단어의 어간을 보니까 '풀'하고 연관이 되는 거죠. 그래서 한국어의 '푸르다'는 근본적으로 이야기한다면 풀빛입니다. 그래서 산이 기본적으로 푸른색이죠. 당연히 푸른 산이 되는 거죠.

지난번에 초등학생들에게 강의를 할 기회가 있었는데 가끔 보면 아이들 말이 정확할 때가 있습니다. 신호등이 파란색이면 건너가지 말라고 그러는데 신호등에 파란색이 없다는 거예요. 가서 보니까 파란색은 없어요. 붉은색이 있고 노란색이 있고 녹색이 있죠. 파란색은 없어요. 근데 왜 자꾸 파란 불이라고 할까요? 실제로 우리는 그런 경우에 푸른 신호등이라고 말합니다. 옛날에도 노래에 보면 '푸른 신호등'이란 표현이 많았어요. 파란 신호등이 아니라 푸른 신호등이죠. 저는 예전에는 바다가 '푸른 바다'라는 말이 이해가 안 됐어요. 제가 볼 때 바다 색깔은 항상 파란 느낌이었죠. 동해바다를 생각하면 파란 느낌이 들어서 '바다가 파란 바다지 왜 푸른 바다냐. 파란 바다라고 써야 하는데…'라고 생각하고 있었어요. 그런데 제가 어느 날 비행기를 타고 가다가 우연히 바다의 모습을 봤는데 녹색인 바다가 굉장히 많더라고요. 보니까 실제로는 파랗다는 느낌보다는 '푸른, 풀빛 바다'라는 게 오히려 더 정확한 표현이라는 생각이 들 정도로 실제로 푸른 느낌의 바다가 많았어요.

색깔에 관한 이야기가 사실 몇 개 더 있는데 나머지는 조금 어려우니 간단하게 이야기해 보겠습니다. '노랗다'는 무슨 색깔일까요? '누렇다'는 자르기가 조금 애매하죠. 복잡한 과정을 거치면 아마 땅과 관련된 색깔이었을 거라고 학자들은 이야기합니다. 그래서 우리가 땅을 표현하는 단어로 '누리'라는 표현을 씁니다.

'희다'같은 경우는 도대체 뭘까요? 여러분은 '희다'는 무슨 색깔과 관계가 있는 것 같습니까? 눈이라는 생각이 들 수도 있겠습니다. 하지만 언어적으로 본다면 가장 가능성이 많은 것은 '해'입니다. 옛날에는 우리가 '희다'를 'ㅎㅣ다'라고 썼는데 이 표현이 우리가 태양이라고 이야기하는 해와 관련이 되는 표현이죠. 그런데 잘 이해가 안 되죠. 우리나라 사람들이 생각하는 '희다'가 태양과 관련이 있을 것이라는 생각이 되세요? 여러분들은 태양을 보면 '희다'고 생각됩니까? 그런데 몇 가지 증거가 될 수 있는 자료들이 있습니다. 제가 볼 때는 '날이 하얗게 새다'라고 할 때 '새다'를 살펴볼 수 있습니다. '새다'라는 표현도 사실은 여러 가지가 될 수 있겠지만 '하얗다'라는 의미로 쓸 때도 있죠. 예를 들어 '머리가 하얗게 새다'라는 표현이 그렇습니다. '새벽'의 '새'도 해와 관계되는 단어입니다. 그런데 결정적으로 "희다'가 해와도 관련이 있을 수 있겠구나.'라고 생각되는 건 오히려 한자의 예에서 찾아볼 수가 있습니다. 제가 중국 학생들에게 물어봐도 깜짝깜짝 놀래요. 중국어의 해를 나타내는 단어는 '日(해 일, 날 일)' 자인데 이 한자에 빛이 하나가 있는 것이 '白(흰 백)' 자이거든요. 그러니까 중국 사람에게도 흰색은 태양과 관계가 있는 거죠. '빛'이 '흰색'과 관련이 있는 거죠.

실제로 '희다'나 '누렇다' 같은 이런 단어는 조금 어려운 단어이긴 해요. 연결 고리가 금방 발견이 안 되니까요. 하지만 한국 사람들이 색깔을 바라보는 사고가 어떤 구체적인 대상과 연결되었는지를 알아볼 수 있는 예가 될 수 있다는 것을 기억하시면 좋을 것 같습니다.

그 다음에 이렇게 따지면 할 수 있는 게 굉장히 많습니다. 여러분들이 어떤 단어를 볼 때 '다' 자를 뺀 부분이 어떤 명사와 관련이 될까라는 것을 알아본다면 훨씬 더 많을 것을 찾아낼 수 있을 겁니다. 첫 번째 원칙으로 명사와 동사, 형용사와의 관계를 이야기했습니다. 우리가 어휘, 국어를 바라보는 시각은 많이 있을 수 있으니까 우리말을 보는 방법도 사실 굉장히 많습니다. 제가 그중에서 외국인들에게 한국어를 가르치면서 보니까 우리말을 보는 방법을 잘 모르기도 하고 단어 사이의 연결 고리를 분명하게 보여 주는 것도 좋을 것 같다는 점에서 말씀을 드린 겁니다.

3. 우리말을 보는 방법 2: 모음 교체와 어휘 형성

제가 말씀드릴 두 번째 방법은 모음 교체예요. 우리말에서 새로운 단어를 만들어 내는 중요한 방법 중에 하나가 명사에 어미를 붙여서 새로운 동사나 형용사를 만드는 방법이 하나 있었고, 또 다른 하나는 모음을 바꾸어서 새로운 단어를 만드는 겁니다.

1) 사람을 지칭하는 어휘의 모음 교체

가장 기본적인 단어에는 '나'라는 단어가 있죠. 그런데 '나'에서 모음을 바꾸면 무엇이 됩니까? '너'가 되죠? 모음을 바꿨다 함은 여기에 공통적인 의미가 무엇인가 담겨 있다는 거예요. '나'나 '너'나 공통점은 뭡니까? 사람이죠? 사람을 구분하는 데 모음을 이쪽으로 하면 '나'가 되고 저쪽으로 하면 '너'가 됩니다. 그리고 하나가 더 있습니다. '누'가 있어요. '누'는 언제 쓰는 말인가요? '나'도 아니고 '너'도 아닌 사람을 얘기할 때 우리는 '누구'라고 합니다. 그래서 '누가, 누구'라고 이야기하는 거죠. 그래서 '나, 너, 누'는 단지 모음만 바뀌었는데 새로운 단어로 만들어졌다는 거예요. 그러니까 우리가 전혀 엉뚱한 단어를 막 만들어 내는 게 아니라 기본적으로는 기준을 갖고 만드는 겁니다. 기본적으로는 같은 단어이지만 공유하는 의미가 있는데 그걸 모음만 바꿔서 새로운 단어로 만들어 내는 거죠. 이것을 우리는 '모음 교체에 의한 어사분화'라고 해요. 이런 단어들이 꽤 있습니다.

　자, '나, 너, 누'는 사람이라는 공통적인 의미가 있었죠? 그 다음에 내가 아닌 사람들에서도 공통점을 찾을 수가 있어요. 내가 아닌 사람들은 누구예요? '남'이라는 단어가 있죠? 타인을 우리가 '남'이라고 합니다. 타인을 뜻하는 '남'이라는 단어의 모음을 바꿔요. 그러면 내가 아닌 사람은 맞는데 내가 좋아하는 사람이면 '님'이 되죠. 그래서 '남'에서 'ㅏ'를 'ㅣ'로 바꿔서 '님'이 됐어요. 다음 단어는 원래 그 의미를 가지는 것은 아니지만 자신이 별로 좋아하지 않는 사람이면 '놈'으로 바뀔 수도 있어요. 실제로 '놈'이라는 단어는 옛날의 조선시대에는 일반적인 사람을 나타내는 단어였습니다. 훈민정음이나 이런 것들을 보면 '놈'이라는 말이 그렇게 나쁜 의미로 쓰이는 말이 아닙니다. '놈'이라는 말은 일반적인 사람들을 나타내는 단어였는데 가치가 격하된 거죠. 그런 것을 가치의 타락이라고 하는데 어휘들을 보면 시간에 따라 가치가 바뀌는 경우가 많습니다. 가치가 바뀌어서 새로운 딘이가 되는 경우기 많아요. 그게 원래는 좋은 의미였는데 나중에 나쁜 의미로 바뀌는 경우가 많죠. '놈'이라는 단어도 그런 거예요. 원래 '놈'이라는 말에는 부정적인 의미가 없었어요. '계집'이라는 말도 원래 부정적인 의미가 없었어요. '마누라'라는 단어도 그렇죠? 원래 '마누라'라는 단어는 '마눌하'여서 상전을 높여 부를 때 쓰는 말이었어요. 우리가 사극을 보면 동궁의 경우에 '마마'라고도 하고 '마눌하'라고도 했었습니다. '마눌하'는 굉장히 높은 호칭이었어요. '영감'이라는 단어도 언어의 가치로 보면 높은 단어였어요. '양반'이라는 밀도 그래요. '양반'이라는 밀이 요즘처럼 쓰이는 건 '양반'의 가치가 많이 타락한 다음이 아닐까 싶습니다. "이 양반이?"라고 이야기를 하죠. "이 양반이? 저 양반이?"라고 할 때는 이미 그 단어의 가치가 많이 타락되어 있는 거죠. 그래서 이 '남/님/놈'의 경우만 봐도 모음만 바꿔어서 새로운 단어로 만들고 있다는 겁니다. 그래서 우리가 어떤 단어를 볼 때 모음만 바꾼 단어들을 살펴 볼 수 있다는 거죠. '모음만 다른 단어라면 원래는 같은 단어에서 출발하지 않았을까?' 하고 의심을 하게 되면 우리말을 보는 방법이 하나가 더 늘어나는 겁니다.

2) 사람과 물건에 따른 모음 교체

예를 더 들어 볼게요. 학생들에게 가르쳐 주는 단어 중에 사람이냐 아니냐에 따라서 달라지는 것들이 있습니다. 아주 쉬운 단어는 아니지만 '늙다/낡다'의 경우를 봅시다. 사람이 오래 되면 우리가 뭐라고 표현해요? 늙었다라고 하지요? 그러면 사람이 아닌 경우 즉, 물건인 경우에는 뭐라고 하죠? 항상 초점을 모음에 맞춘다면 생각이 날 수 있습니다. 사람이 아닌 경우에는 '낡았다'로 모음만 바뀐 거죠? 사람인 경우에는 '늙었다', 사람이 아닌 경우에는 '낡았다'가 되는 겁니다.

'앉다/얹다'도 사람인 경우에는 우리가 '앉다'라고 말합니다. '앉아 있다'라고 하죠. 그럼 사람이 아닌 경우에는 뭐라고 하죠? 이것도 모음만 바꾸는 겁니다. '얹다', '얹었다'라고 이야기합니다. '앉다'와 '얹다'의 차이가 'ㅏ'냐 'ㅓ'냐에 따라서 달라지는 거죠. 우리말 속담이 참 정확합니다. '아 다르고 어 다르다'라는 속담 말입니다. 물론 말의 느낌이 '아'냐 '어'냐에 따라서 달라진다는 의미도 되지만 실제로 '아'를 쓰느냐 '어'를 쓰느냐에 따라서 단어의 의미가 바뀌게 되는 것이고 사람이냐 사람이 아니냐가 되기도 하는 것입니다. 모음에 따른 어휘의 차이를 나타내는 얼마나 정확한 속담입니까?

재미있는 단어들 중에는 이런 것도 있습니다. 사람인 경우에는 '머리'라고 하고 동물인 경우에는 뭐라고 하냐고 물으면 꼭 다른 대답을 하는 경우가 있는데, 지금은 초점이 '어'냐 '아'냐 모음의 차이만 보는 거니까 '마리'를 대답해야 합니다. 실제로 옛날 말에서는 '머리'라는 말이 '마리'였어요. '마리'라는 말이 '머리'의 뜻이었다는 겁니다. '마리'라는 말이 '머리'의 뜻으로 사용되다가 가치가 변하면서 '마리'는 일부만 나타내게 되지요. 동물을 셀 때만 '마리'라고 하게 되고 일반적인 사람의 경우에는 '머리'라고 쓰게 되었습니다. 이것도 중국어의 예를 보면 금방 알 수 있죠. 중국에서도 동물을 셀 때 '몇 두, 몇 두' 한단 말이에요. 머리 두(頭) 자를 쓴다는 거죠. 우리도 종종 그렇게 이야기하잖아요? 사람들 수를 센다고 이야기할 때 머릿수 센다고 이야기하잖아요? '머릿수가 찼다'라고도 하고요. 사람 숫자 셀 때 머리로 세는 게 제일 정확한 거죠. 잔인한 이야기 중에 하나는 전쟁 때 머리 아니면 코 같은 것을 죽인 사람 숫자를 셀 때 사용했어요. 그래서 옛날에 보면 전쟁 같은 데서 포로들의 코를 베는 경우가 있었어요. 머리를 다 가져갈 수 없잖아요? 그래서 정확한 수를 세기 위해 시체들의 코를 베어 간 거죠. 그러니까 그게 죽인 사람의 숫자를 세는 단위가 되었던 거죠.

코에 대한 이야기를 하나 더 하자면 코는 보통 자기를 의미하게 되는 경우가 많습니다. 사람에서 코가 자신을 의미하는 경우가 많은 거죠. 그래서 일본 사람들 같은 경우에는 자기를 가리킬 때 거의 코를 가리키게 되죠. "저요?"라고 할 때 일본 사람들은 거의 코를 가리키고 이야기합니다. 중국 학생들은 제가 살펴보니까 코까지는 안 가는 것 같아요. 손가락이 코와 가슴 중간 정도에 옵니다. 근데 한국 사람들은 더 아래로 내려와서 보통 자기 가슴을 가리키면서 자신을 이야기할 때 "저요?"라고 물어보는 경우가 많습니다. 그래서 한자에 스스로 자(自)로 되어 있는 글자도 옛날에는 코라는 뜻이었습니다. 코라는 뜻의 한자인데 이게 자기를 의미하는 거죠. 그래서 코가 사람, 자신을 의미하는 단어가 된다는 것도 알 수 있는 거죠.

　　다시 모음 변화에 대한 이야기로 돌아오면 이 '머리'라는 말과 '마리'라는 말도 모음만 바뀌어서 단어가 분화된 겁니다. 그런 단어들이 많이 있습니다. '붉다'와 관련되는 단어가 뭐가 있을까요? 모음을 바꿔 보니까 '밝다'가 있죠. 조금 어려운 단어이지만 '묽다'도 예로 들 수 있습니다. 이것은 근원적으로 '명사와 용언의 원리'에 비추어 본다면 '물'과 관련된 단어로 보입니다. 이걸 모음을 바꿔 보니까 '맑다'가 되는 거죠. '묽은 것'과 '맑은 것'의 의미를 보면 '묽은 것'은 조금 흐린 것이 되고, '맑은 것'은 그야말로 투명한 거죠. 원래 액체로 되어 있는데, '상태가 어떻다'라는 공통점을 갖고 있는 거고 거기에 그 공통점을 나누는 기준인 모음을 바꾸어서 '맑은 것'이냐 '묽은 것'이냐를 나눠 주는 겁니다. 공통점을 어디까지 보느냐가 중요하고도 재미있습니다.

　　몇 개 단어들을 더 보겠습니다. 조금 더 복잡한 단어 중에 사탕이나 아이스크림을 먹는 '핥다'라는 단어가 있습니다. '수박 겉핥기'에서처럼 겉만 보고 깊숙이 내용까지 들어가지 않는 게 '핥다'란 말이죠. 이것은 어떤 단어하고 관계가 있을까요? 바로 '훑다'하고 관계가 됩니다. 그러니까 책을 보는데 깊숙이 들어가지 않고 겉만 보는 것을 '훑어보다'라고 합니다. 경치를 볼 때도 '훑어본다'라고 하면 자세히 안 본 거죠. 훑어본다는 말은 '핥아보고 그 맛을 이해하려고 하는 태도와 같은 것이다.'라고 이야기를 할 수 있습니다. 그러니까 '핥다'와 '훑다'의 차이점은 단지 모음 하나 때문에 나타나는 것입니다. 모음이 그만큼 위력이 있는 겁니다. 우리말에는 이런 단어들이 굉장히 많습니다. 그런데 그동안 큰 관심이 없었던 거죠.

조금 모양이 바뀌면 이런 단어도 볼 수 있습니다. '썩다'라는 단어를 보시면 '삭다'라는 단어가 있는데, 이 단어는 아마 외국 사람들이 이해하기에는 복잡한 단어가 될 겁니다. 왜냐하면 제가 누구한테 한국 사람들은 음식을 썩혀 먹는 경우가 많다는 말을 들었어요. 그런데 우리가 썩은 음식을 먹느냐 하면 그건 아니죠. 한국 음식에는 오랫동안 담근 젓갈이라든지 김치라든지 그리고 외국 사람들이 절대로 잘 안 먹을 것 같은 홍어

회 같은 것들이 있어요. 이런 것들은 오랫동안 두었다가 먹는 음식인데 그렇다면 이런 것들이 썩은 거냐 하면 그렇지 않죠. 한국 사람들은 썩은 음식을 먹는 것이 아니라 삭은 음식을 먹습니다. 즉, 삭힌 음식을 먹는 거죠. 그것을 우리가 '썩히다'라고 말을 하기도 하고 '삭히다'라고도 말을 합니다. 자음도 조금 변해 있지만 썩은 게 아니라 삭은 거죠. '썩다'와 '삭다'같은 경우도 모음이 바뀌는데 하나는 먹을 수 없는 음식이 돼 버렸고 다른 하나는 오랜 시간이 지나서 먹을 수 있는 음식이 된 거죠. '썩다'와 '삭다'는 그런 류의 차이점들이 있는 어휘라고 이야기를 할 수 있겠습니다. '쓰레기'와 '시래기'도 비슷한 관점으로 해석할 수 있습니다.

사람들이 보통 제일 많이 아는 단어는 '적다'와 '작다'입니다. 양은 '적다'이고 크기는 보통 '작다'라고 이야기를 합니다. 그래서 '적다'와 '작다'같은 경우는 크기와 양의 차이를 보여 주는 어휘라고 할 수 있습니다. 지금 다루고 있는 모음 교체를 재미있게 알아볼 수 있는 예라고 할 수 있습니다. 한 단어만 더 이야기하면 설날의 '설'하고 관계가 있는 단어가 뭐냐고 물어 본다면, '살'

이 있습니다. '설'이란 것은 1년을 의미하죠. 1년이 지나면 새로운 '설'이 돌아오는 겁니다. 새로운 '설'이 되면 어떻게 됩니까? 나이를 한 살 먹게 되죠. 그래서 '설'과 나이의 '살'을 연결해서 생각할 수 있습니다. '설'이냐 '살'이냐의 차이는 뭐냐고 하면 모음의 차이라고 할 수 있는 겁니다. 그래서 설날에 대해서 설명할 때도 나이를 한 살 두 살 먹는 '살'과 연결시켜 주신다면 훨씬 더 재미있게 수업을 할 수 있을 겁니다.

자, 이렇게 해서 기본적으로 우리말을 보는 방법에는 여러 가지가 있지만 그중에서 제가 두 가지 방법에 대해 이야기를 해 드렸습니다. 두 가지 방법에 대한 이야기를 드렸으니까 앞으로는 단어를 보실 때 어간 부분을 잘라 보는 연습을 하시든지 아니면, 모음을 바꿔 보는 연습을 해 보시면 훨씬 더 새로운 한국어 단어의 구조에 대해서 이해할 수 있는 부분이 많아질 겁니다. 그렇게 찾다보면 한국의 어휘들 중에서 한국 사람들의 사고를 나타내는 어휘를 조금 더 발견하실 수 있을 거라고 확신합니다.

4. 깨달음을 주는 우리말

다음으로 제가 설명하고자 것은 깨달음을 주는 우리말입니다. 실제로 한국인의 사고를 나타내는 어휘들을 잘 보면 무언가가 보입니다. 제가 늘 말씀을 드리는 것은 그냥 보면 안 보이는데 '잘 보면' 보여요. '잘 보다'라는 말이 참 중요한 것 같습니다. 제가 깨달음을 주는 우리말에서 첫 번째로 이야기하고 싶은 단어가 그래서 '잘'입니다.

1) 깨달음을 주는 우리말 '잘'

'잘'이라는 말에는 보통 세 가지 뜻이 있다고 합니다. 어떤 세 가지 뜻이 있을까요? 첫 번째는 '잘 했다, 잘 썼다'라고 이야기할 때 '좋다'라는 의미가 될 거예요. 일반적으로 우리가 '공부를 잘 한다', '노래를 잘 부른다'라고 이야기할 때는 이 의미와 관계가 있는 거죠. 자, 어떻게 하면 글씨를 잘 쓸 수 있고, 어떻게 하면 공부를 잘 할 수 있고, 어떻게 하면 노래를 잘 할 수 있고, 어떻게 하면 한국말을 잘 할 수 있을까요? 그 해답이 '잘'의 다른 의미에 담겨 있습니다. 두 번째 의미가 뭐예요? 우리가 '잘'이란 단어를 또 이렇게 쓸 수 있죠. '내가 잘 먹는 음식이다, 내가 잘 가는 곳이다, 내가 잘 부르는 노래다.' 그래서 제가 농담으로 이런 얘기를 해요. "잘 부르는 노래가 꼭 잘 부르는 노래는 아니다." 즉, 두 번째 의미는 '자주'에 해당되는 거죠. 그래서 잘 부르는 노래라는 것이 자주 부르는 노래일 수도 있고 그야말로 잘하는 노래일 수도 있으니까, "자주 부르는 노래가 꼭 잘부르는 노래는 아니다."라고 농담처럼 이야기합니다.

자, 한국어의 의미를 통해서 볼 때, '어떤 일을 잘 하려면?'이라고 물어본다면 '자주해야 한다'고 대답하면 됩니다. 텔레비전에서 달인이라고 나오는 사람들이 있습니다. 그런 사람들의 공통점이 뭐냐 하면 바로 그 일을 오래 한 사람들이에요. 그 일을 한 지 오래되지 않았는데 잘 한다? 그런 경우는 거의 없어요. 한 분야에서 오랫동안 일한 사람이 잘 할 수 있는 거죠. 그런데 오랫동안 했다고 다 잘 하냐 하면 그건 아니죠. 오랫동안 해도 잘 하는 사람이 있고 잘 못하는 사람이 있습니다. 그 대답은 '잘'의 세 번째 의미에서 알 수 있습니다. 세 번째 의미가 뭐냐 하면 제가 앞에서도 설명하면서 여러 번 이야기를 한 것인데 그냥 보면 안 보이는데 잘 보면 보인다는 거죠. 그냥 들으면 안 들리는데 잘 들으면 들린다는 거죠. 잘 봐야 되고, 잘 들어야 되고, 잘 생각해 봐야 되고, 잘 찾아야 됩니다. 그러면 보이고, 들리고, 생각이 나는 거죠. 그때 '잘'은 무슨 뜻이냐면 '정성껏, 자세히'라는 뜻이에요. 그래서 한국어의 단어 '잘'을 보니까 세 가시 의미가 있더라는 겁니다. 첫 번째, '좋다, 잘 한다' 이런 의미가 있고 두 번째, '자주'라는 의미가 있고 세 번째, '정성껏'이라는 의미가 있습니다. 그런데 그 세 개가 다 따로따로 떨어진 의미가 아니라 연결된 의미라는 거죠. 무슨 일을 할 때, 어떻게 하면 잘 할 수 있겠냐고 누가 저에게 물어봐요. 그러면 저는 '잘'이라는 단어를 설명해 줍니다. '여러 번 해라. 한 번하고 안 된다고 하지 말자. 그리고 이왕이면 여러 번 할 때 정성껏 하자. 그러면 다 잘 할 수 있다.'

언어를 배우는 문제도 마찬가지입니다. 제가 볼 때는 한국어를 잘 하려면 여러 번 해야 합니다. 여러 번 하고, 여러 번 하고, 또 여러 번 하면 저는 잘 할 수 있다고 봅니다. 단, 여러 번 하되 그냥 건성건성 지나가는 게 아니라 정성껏 해야 된다는 거죠. 어휘가 깨달음을 준다는 것은, 단순하게 어휘의 뜻을 아는 게 아니고 어휘 속의 단순한 사고만을 아는 게 아니라 내 삶을 변화시키는 그런 원동력으로 어휘가 작용할 수 있다는 말을 드리고 싶습니다.

2) 한국 사람에게 '사랑하다'는 '생각하다'

한국 사람을 이해하는 단어 중에 하나인 '사랑하다'도 모두가 좋아하는 단어입니다. 그럼 '사랑하다'라는 말은 무슨 뜻일까요? 이 말의 기원은 한자 기원 외에도 여러 가지 기원이 많지만 한자의 '사량(思量)'이라는 말에서 왔다는 것이 일반적으로 많이 거론되는 학설입니다. 중국어에서도 그렇게 사용하는 경우도 있다고 해요. 우리말의 '사랑'이라는 말이 한자어에서 왔든지 아니면 원래 우리말에서도 그랬든지 간에 기본적으로는 '사랑'이라는 말은 '생각하다'라는 뜻입니다. 한국 사람들에게 사랑은 그야말로 생각하는 거예요.

‘내가 그 사람을 사랑한다.’라고 하면 그건 그 사람을 생각하고 있다는 거예요. 주변의 할머니, 할아버지께 여쭈어 보세요. 할머니는 옛날에 할아버지에게 사랑한다고 얘기해 본 적이 있으신지, 할아버지는 옛날에 할머니한테 사랑한다고 얘기해 본 적이 있으신지. 제가 많은 어르신들께 여쭤 보면 거의 해본 적이 없다고 합니다. “그런 말, 쑥스러워 어떻게 하나?”고 그러십니다. 그럼 그분들이 했던 말은 뭘까요? 그분들이 썼던 연애편지에는 다 이렇게 쓰여 있었어요. ‘당신 생각에 잠을 못 이룹니다. 오늘 밤에도 당신 생각만 납니다.’라고요. 그게 사랑한다는 뜻이었던 거예요. 원래는 그랬던 거죠. 생각한다는 의미가 사랑한다는 의미였던 겁니다.

그런데 그게 시간이 지나고 서양의 ‘LOVE’와 같은 그런 류의 단어들이 들어오면서 자연스럽게 그 단어가 ‘사랑하다’는 말로, 그야말로 ‘LOVE’의 의미로 바뀌었을 거라고 봐요. 옛날 자료를 보면 직접적으로 사랑 애(愛)자를 표현하는 경우도 거의 없습니다. 사실상 생각하는 것이 사랑하는 겁니다. 제가 이런 얘기도 합니다. ‘맛있는 음식을 먹을 때 제일 먼저 생각나는 사람이 내가 사랑하는 사람이다. 좋은 곳에 갔을 때, 아름다운 경치를 볼 때, 여행을 갔을 때 제일 먼저 생각나는 사람이 내가 사랑하는 사람이다.'라는 이야기를 합니다. 그게 부모님일 수도 있고 아내나 남편일 수도 있고 자식일 수도 있겠죠. '생각이 전혀 안 난다?' 그러면 그것은 사랑하는 것이 아닙니다. 어디 여행을 갔다 왔는데 부인 생각이 전혀 안 난다면, 남편 생각이 전혀 안 난다면, 그건 위험한 상태입니다. 실제로 사랑이라는 말은 생각이라는 의미를 담고 있습니다.

3) 나쁘다는 말은?

한국 사람들이 생각할 때 '나쁘다'는 말은 무슨 뜻이었을까요? '나쁘다'라는 단어도 생각해 보면서 반성을 많이 하게 됩니다. '나쁘다'라는 단어에 '쁘'가 들어가 있는데 이것은 실제로 '쁘'가 아니라 '브'입니다. 다른 예들을 보면, '아프다'같은 경우도 사실은 '-브-'가 들어갔어요. 원래 '앓다'였으니까, '앓다'에 '-브-'가 붙은 겁니다. 그래서 '아프다'가 되는 거죠. '배가 고프다'라는 단어는 뭐겠어요? 이것도 '배를 곯다'였을 테니까 '곯다'에 '-브-'

가 붙어서 '고프다'가 되는 겁니다.

'기쁘다'라는 단어도 원래는 '깃다'라는 말이 '기쁘다'라는 의미로 사용됐어요. 지금도 이 단어가 남아 있는 게 하나 있어요. 그게 '기꺼이'입니다. '기꺼이'라는 말이 '기분 좋게'라는 뜻이죠. 거기에 '-브-'가 붙은 거죠. 근데 '나쁘다'는 조금 애매합니다. '나쁘다'가 뭐에서 온 단어일까. '브'는 알겠는데 어간이 부정확합니다. 제가 볼 때는 '나쁘다'의 경우는 '낮다'와 관계가 있는 것 같습니다. 그러니까 자기가 낮아진 거죠. 자신이 한 행동이 자기를 낮아지게 만드는 거죠. '자신의 가치를 낮아지게 만드는 게 나쁜 거다.' 이렇게 얘기를 할 수 있을 것 같습니다. 제가 그래서 사람들에게 "너의 가치를 낮아지게 하지 마라. 그게 나쁜 거다. 다른 사람을 힘들게 하는 것, 고통스럽게 하는 것도 나쁜 행동이지만 '나쁘다'의 의미 자체가 자기 자신을 낮게 만드는 거다."라고 이야기를 합니다. 실제로 이런 단어의 의미를 알면 스스로를 반성하게 되는 거죠. '나를 낮게 만드는 행동들을 하지 말자.'라는 반성 말입니다.

4) 돌보는 것과 보는 것의 차이

제가 좋아하는 단어 중에 '돌보다'라는 단어도 있습니다. '돌보다'라는 단어는 '돌아 보다'와 관계가 되는 단어죠. 보통 이렇게 중간에 '아' 같은 것이 있어야 하는데 '돌보다'는 '돌다'와 '보다'의 어간이 합쳐진 말입니다. 이런 합성어를 비통사적 합성어라고 합니다. '돌아보다'의 의미를 살펴보면 두 가지 의미가 있죠? 일반적으로 '고개를 돌려서 돌아보는 것'이 있고, 다른 하나는 마을이나 과수원 등을 돌아본다고 할 때 '보이지 않는 곳까지 돌아다니면서 본다'는 의미가 있어요.

'보다'와 '돌보다'의 가장 큰 차이점이 뭐냐 하면 '돌보다'는 보이지 않는 부분을 보는 거예요. 보이지 않는 부분을 찾아가면서 보는 것이 돌보는 것입니다. 여기에서 보이지 않는 부분을 찾아서 본다는 말이 중요한 겁니다. 그래서 아이는 보는 게 아니라 돌봐야 한다는 거죠. 학생은 보는 게 아니라 돌봐야 하는 거예요. 왜 그럴까요? 보이지 않는 부분을 봐야 하니까 그렇습니다. 제가 볼 때는 보이는 부분만 보는 것은 사실 의미가 없어요. 학생이 숙제를 안 해 왔다고 가정해 봅시다. 선생님은 학생이 숙제를 안 해 왔으니까 혼을 내고 때려요. 그런데 그 뒤, 속은 모르잖아요. 왜 안 해 왔는지 무슨 일이 있었는지는 알지 못합니다. 우는 아이가 있어요. 그런데 그냥 배가 고파서 울겠지 하면서 우유를 먹여요. 그건 아니죠. 그것은 단순히 '보는' 거예요. 그런데 돌보는 사람들은 어떨까요? '지금쯤 아이가 배가 고프지 않을까?', '시금쯤 되면 기저귀를 갈이줘야 하는 것이 아닐까?' 미리 미리 살펴봐야 하는 거예요. 그게 돌보는 겁니다. 저는 그래서 학생들이나 아이들이나 넓게 이야기하면 가족이나 친구나, 또 돌본다는 말이 부모님께는 해당되지 않는 말인지 모르지만 주변 사람들을 돌볼 필요가 있다고 생각합니다. 보이지 않는 부분까지 보는 게 돌아보는 겁니다. 저는 이 돌본다는 말이 그런 의미에서 중요하고, 한국 사람들의 가치를 알 수 있는 어휘라고 생각합니다. 그래서 '우리말 속에 우리가 있다'라는 것은 문화적인 측면도 있고 사고적인 측면도 있고 또 깨달음의 측면도 있습니다.

제가 이번 시간에 보여 드린 부분은 한국어 어

휘를 보는 방법 및 깨달음과 관련된 이야기들이었습니다. 이 깨달음과 관련된 어휘, 문화와 관련된 어휘들을 살펴보면 한국 사람들의 생각을 훨씬 더 깊게 이해할 수 있게 될 겁니다. 제 강의를 통해서 여러분이 어휘를 바라보는, 그리고 어휘를 통해서 한국 사람들의 생각을 바라보는 그런 힘이 생기기 바랍니다. 앞으로 이어지는 강의를 통해서도 어떻게 한국 사람의 사고와 문화를 어휘를 통해서, 언어를 통해서 볼 수 있는지에 대해서 생각해 보는 시간을 갖도록 하겠습니다.

제4강 | 한국어 어휘와 한국의 문화

　　이번 시간에는 한국어 어휘와 그 속에 담겨 있는 한국의 문화에 대해서 이야기해 보는 시간을 갖겠습니다. 어휘를 보면 한국 사람들의 사고가 보인다고도 하고, 한국의 사회가 보인다고도 합니다. 실제로 어휘 속에 한국 사람들이 살아온 흔적이 그대로 들어가 있습니다. 그렇기 때문에 어휘를 잘 살펴보게 되면 한국 사람의 문화도 당연히 파악하게 되죠. 물론 어휘를 안다고 해서 한국 사람의 문화를 다 이해하는 것은 아닙니다. 그래서 잘 보고 분석하는 과정이 가장 중요하다고 생각합니다. 이번 강의에는 몇 가지 어휘를 보면서 한국 사람들은 도대체 어떤 문화를 가지고 있으며 어떤 생각을 하며 살았는지, 무엇이 한국인에게 중요한 가치였는지에 대해서 생각해 보는 시간을 갖겠습니다.

1. 우리말과 '버릇' 문화

한국 사람들이 쓰는 어휘 중에 아무리 생각해 봐도 이해가 안 되는 말이 있을 겁니다. 그중에 하나가 '버릇없다'라는 단어인데 '버릇이 없다'라는 말은 무슨 뜻입니까? 예의가 없다는 뜻이죠? "저런 버릇없는 놈."이라고 하면 예의가 없는 사람이라는 뜻이 됩니다. '예의가 없다'라는 말이 '버릇이 없다'가 되는 거죠. 그런데 생각해 보면 '버릇이 없다'라는 말에서 '버릇'은 뭡니까? 습관을 버릇이라고 하죠. '무엇하는 버릇이 있다.'라고 얘기하는 것에서 보면 '버릇'은 '습관'이라는 말입니다. 자, 그러면 우리가 여기서 한 가지 고민을 해 봐야할 게 생겼어요. 습관이 없는 게 예의가 없는 거라는 뜻이 아닙니까? 그렇다면 '한국 사람들에게 예의란 무엇입니까?'라고 저에게 묻는다면 저는 예의는 습관이라고 얘기를 하고 싶습니다. 자, 그럼 생각을 해 봐야겠죠?

여러분은 어떻게 생각하세요? 예의라는 게 마음의 문제입니까? 행동의 문제입니까? 언뜻 보기에 마음이 더 중요할 것 같죠? 제가 볼 때는 행동이 더 중요합니다. 마음은 있는데 하지 않았다? 그러면 예의가 없는 겁니다. 한국에서는 내가 아무리 어른들을 존경한다고 해도 인사를 하지 않으면 존경하지 않는 거예요. 왜냐하면 습관이 중요하기 때문이죠. 어른을 보면 인사를 해야 합니다. 아버지께서 저녁에 퇴근을 해서 들어오셨어요. 그런데 자식이 누워서 "아버지 다녀오셨어요?" 그렇게 이야기하면 예의가 있는 겁니까? '난 마음은 있었다. 내가 아버지를 얼마나 사랑하고 존경하는데….' 그래도 예의는 없는 거죠. 왜냐하면 좋은 버릇이 없기 때문에 그렇습니다. 그래서 한국 사람들에게서 예의라는 문화를 살펴본다면 항상 행동이 중요합니다.

행동이 중요하다고 하지만 일회성의 단순한 행동이 아니라 반복되는 행동이 중요하다는 겁니다. 그래서 한국어에 그런 반복적인 것들이 많죠. 항상 잘 때는 '안녕히 주무세요.'라고 인사를 해야 되고 아침에 일어나서 '안녕히 주무셨어요.'라고 인사를 해야 합니다. 이런 것들이 늘 해야 되는 인사입니다. 그 인사를 안 하면 예의가 없는 겁니다. '다녀오겠습니다.'라는 말은 우리가 밖에 나갈 때 쓰는 말인데 다른 나라에는 그런 말이 별로 없다고 해요. 제가 생각해도 그런 것 같아요. '다녀오겠습니다.', '갔다 올게.'라고 하는 표현은 갔다가 다시 오는 것을 전제합니다. 그냥 가는 게 아니에요. 영어로 이렇게 하는 인사말 표현이 있습니까? 그럼 자식들이나 집에 있는 사람들은 뭐라고 말합니까? '다녀오세요.'라고 합니다. 갔다가 오라는 겁니다. 완전히 오랫동안 헤어지는 것이 아니라면 '잘 가라' 같은 인사말은 우리나라에 없습니다. 다른 나라말을 비교해 보세요. 우리는 항상 갔다가 집으로 다시 들어오라는 인사를 합니다.

이런 인사들은 늦게 들어오든 일찍 들어오든 간에 꼭 해야 하는 인사들이에요. 그래서 드라마를 보면 이런 장면이 항상 문제가 돼요. 집에 늦는 것보다 내가 들어오기 전까지 기다리시는 부모님이나 할머님이 문제가 됩니다. 왜냐하면 내가 할머니께 다녀왔다고 인사를 해야 되거든요. 그런 버릇이나 습관이 우리한테는 '예의'인 겁니다. 그런데 제가 너무 늦게 들어가면 가족들이 모두 주무시지 않고 기다리고 계시니까 문제가 되는 거죠. 그리고 한국 사람들이 인사하는 장면을 보면, 외국 사람들이 조금 신기하게 생각하는 장면이 있습니다. 그것은 문밖에서 하는 인사입니다. 늦게 들어와서 밤이 늦었어요. 그런데 할머니께서 방에 계세요. 그럼 문 열고 들어가서 인사하느냐 하면 그렇게 잘 안 합니다. 그냥 문밖에서 인사를 해요. "할머니, 저 다녀왔습니다." 라고 인사를 하면 할머니가 안에서 "오늘은 좀 늦었구나. 가서 쉬어라." 하시면서 얼굴도 안 봅니다. 그런데 인사는 해야 한다는 거예요. 얼굴은 안 보지만 밖에서라도 인사를 해야 버릇이 있고 예의가 있는 겁니다.

한국어에 버릇에 관한 속담이 하나가 있죠? 그 속담도 아마 잘못 이해하는 사람이 많을 거라고 생각됩니다. '세 살 버릇 여든까지 간다.'라는 속담입니다. 많은 사람이 세 살 버릇의 '버릇'이 손톱을 물어뜯고, 음식 흘리면서 먹고 그런 것들을 버릇이라고 잘못 생각하는 것 같아요. 하지만 우리나라 말을 잘 들여다 보면 실제로 속담에서 말하는 '버릇'은 좋은 습관이고 예의인 거죠. 그러니까 어릴 때부터 예의를 잘 가르쳐 놓지 않으면 이 아이가 어떻게 되느냐 하면 나이 먹고 늙어서까지도 예의 있는 행동을 하지 못한다는 겁니다. 세 살 때 손톱을 물어뜯던 어떤 사람이 여든까지 손톱을 물어뜯겠어요? 그런 류의 의미라기보다는 세 살 때, 아주 어릴 때부터 들여놓은 좋은 버릇이 평생을 간다는 겁니다. 그래서 한국 부모들이 제일 많이 하는 일이 이런 것이잖아요. "'고맙습니다.'라고 해야지, '잘 먹었습니다.'라고 해야지, '안녕히 다녀오세요.'라고 해야지, '안녕히 다녀오셨어요.'라고 해야지"하고 끊임없이 습관을 만들어 주는 거죠. 그렇게 듣고 행동하다 보면 자동이 됩니다. 어른이 들어오면 자동으로 일어나야 하는 거예요. 자동으로 인사를 해야 되는 겁니다. 그게 좋은 습관이고, 예의입니다.

그래서 묻고 싶습니다. 여러분들이 갖고 있는 좋은 습관은 무엇입니까? 세상이 많이 바뀌었죠? 요즘 같은 세상에서 좋은 습관이 뭐냐고 저한테 묻는다면 부모님께 전화 자주 드리는 거예요. 멀리 떨어져 있는 경우들이 많잖아요? 결혼해서 떨어져 있는 경우도 있어요. 부모님이 아니더라도 마찬가지예요. 친척들한테는 전화

합니까? 옛날 같으면 편지를 해야 하는 거예요. 제가 어릴 때는 큰 아버님께 편지도 쓰고 그랬습니다. 요즘에는 전화가 있지만 전화를 자주 하나요? 안 하죠. 연락도 잘 안 합니다. 그러면 좋은 버릇이 없어지는 거죠. 부모님께도 마찬가지고, 친척들한테도 마찬가지고, 가까운 친구들 사이에도 마찬가지인 것 같습니다. 안부를 전하는 것이 과거에 편지를 쓰는 방식에서 전화를 거는 방식으로 바뀌었을지 모르지만 내가 갖고 있는 좋은 버릇은 무엇인가에 대해서 생각해 보는 것도 매우 중요하다고 생각합니다.

한 가지 더 말씀드리면 요즘은 그야말로 웃어른들만 모시는 그런 세상이 아니라 주변 친구들과 아이들도 돌보는 세상으로 바뀌었습니다. 저는 제가 선생이니까 선생의 입장에서 예전 같으면 받는 게 중요했던 것 같아요. 인사도 매번 받기만 하는 거죠. 그런데 제가 요즘에 반성하는 것은 반대로 새해가 됐으면 제자들에게 안부 전화를 왜 내가 먼저 하면 안 되느냐는 거죠. 안부의 편지를 왜 내가 먼저 하면 안 되냐는 겁니다. 저는 오히려 저의 메시지를 기대하지 않는 사람들에게 보내

주는 그런 것이 매우 중요하다고 생각합니다. 요즘 제가 새로 들이고 있는 저의 버릇이에요. 앞에 이야기한 것처럼 '세 살 버릇 여든까지 간다.'고 했는데 거기에 하나를 더 추가한다면, 좋은 버릇은 계속 만들어야 한다는 겁니다. 세 살 때 있었던 버릇 말고 열 살 때 만든 버릇도 있어야 되고, 마흔 살이 되어서 새로 만드는 버릇도 있어야 되는 거죠. 나쁜 버릇이라면 그럴 필요가 없겠지만 그게 좋은 버릇이라면 버릇은 계속적으로 만들 필요가 있다고 생각합니다. 그래서 한국 사람들의 예의를 이야기할 때는 항상 이 '버릇'이라는 단어를 기억하기 바랍니다.

2. 우리말과 '숟가락' 문화

다음 단어는 한국의 식사 문화를 나타내는 표현입니다. 이것도 참 재미있는 표현이에요. '국물도 없다'라는 표현이 있는데 이 표현은 협박의 의미죠. '너는 앞으로 국물도 없을 줄 알아라.'라고 이야기하는 거니까 협박이에요. 그런데 외국 사람들은 이해가 안 되는 거죠.

국물이 없는 게 왜 협박이 되냐는 겁니다. 이건 한국 문화를 살펴보지 않으면 그 협박을 이해할 수 없어요.

　　왜 국물이 없는 게 협박이 될 수 있을까요? 국물 문화는 근본적으로는 숟가락 문화하고도 연관이 돼요. 왜 제가 숟가락을 강조해서 이야기하느냐 하면 사실상 많은 분들이 오해를 하는 경우가 있고 심지어는 문화를 공부하시는 분들도 오해를 하는 경우가 있기 때문입니다. 한국 문화에서 젓가락이 중요한 것처럼 보인다는 거예요. 하지만 한국 문화에서는 젓가락이 중요한 게 아니에요. 한국 문화에서는 숟가락이 훨씬 더 중요합니다.

　　더욱이 제가 재미있게 생각하는 건 동아시아 국가들과의 비교입니다. 일본에 가서 일본 사람들하고 식사를 해 보세요. 거의 젓가락만 사용합니다. 숟가락은 거의 나오지도 않아요. 중국에 가서 중국 사람들하고 식사를 해 보세요. 숟가락이 없어요. 한국과 중국과 일본, 베트남 등 가까워 보이는 유교 문화권에 가도 숟가락이 식탁 위에 올라가 있는 나라는 한국밖에 없습니다. 다른 나라에는 숟가락이 없어요. 그래서 일본 사람들이 식사를 할 때 어떻게 합니까? 중국 사람들이 식사를 할 때 어떻게 해요? 다 밥그릇을 들고 먹어요. 밥을 숟가락으로 먹는 것하고 젓가락으로 먹는 것하고는 많은 차이가 있습니다.

젓가락으로 먹으면 음식이 입으로 오다가 떨어질 확률이 많아져요. 그렇기 때문에 숟가락으로 먹을 때는 그릇을 놓고 먹을 수 있겠지만 젓가락으로 먹으려면 그릇을 들고 먹어야 되는 겁니다. 그래서 일본 사람들이나 중국 사람들의 그릇은 몇 가지 차이점이 있습니다. 근본적으로 그릇에 뜨겁게 열이 전도가 되면 안 돼요. 열이 전도가 되면 당연히 못 들고 먹죠. 그래서 일본 사람들이나 중국 사람들이 한국에 와서 고생을 제일 많이 하는 게 한국 밥그릇이 너무 뜨겁다는 거예요. 그걸 들고서 먹으려고 해 보세요. 얼마나 뜨겁겠어요? 한국의 밥그릇은 무지 뜨거워요. 그래서 우리가 농담으로 저 그릇을 들 수 있는 사람은 식당 아줌마밖에 없다고 이야기합니다. 우리가 옮기지도 못 할 정도로 뜨거운 게 많아요. 당연히 우리나라의 그릇들은 뜨겁죠. 왜냐하면 오랫동안 온도를 보존하기 위해 그렇게 돼 있는 거거든요. 당연히 숟가락으로 먹을 거니까 들고 먹을 일이 없습니다. 젓가락으로 먹으면 나무로 만들든지 해야 하는 거죠. 그릇이 뜨거우면 당연히 안 돼요.

그리고 밥그릇 모양 자체가 다릅니다. 한국 그릇들은 대부분 아래가 넓게 되어 있죠? 그런데 일본이나 중국 같은 경우는 대부분 아래가 좁습니다. 왜냐하면 들어야 되니까요. 중국이나 일본의 밥그릇은 용도 자체가 들기 편하게 되어 있는 용도이고 우리는 놓기 좋게 되어 있는 용도입니다. 아마 우리식으로는 아래가 좁은 용기에 밥을 먹으면 그릇이 쓰러질 가능성도 있을 것 같아요. 따라서 우리는 100% 숟가락 문화이고 중국과 일본은 젓가락 문화입니다. 숟가락이냐 젓가락이냐의 차이에 따라서도 문화의 차이가 전혀 다르게 나타납니다. 그래서 아주 단정적으로 전 세계 사람들을 모아 놓고서 식탁을 차리면 어떤 식탁이 한국 사람의 식탁인지 아닌지는 우리가 딱 보면 알 수 있어요. 만약에 식탁 위에 숟가락하고 젓가락이 올라와 있다면 그것은 100% 한국 사람이에요. 어느 나라도 숟가락과 젓가락이 모두 식탁 위에 올라오지는 않아요. 어떤 나라는 나이프가 올라가거나 포크가 올라갑니다. "어, 서양에도 숟가락이 많지 않나요?"라고 이야기하는데, 저는 서양도 절대로 숟가락 문화는 아니라고 봅니다. 서양은 포크와 나이프의 문화죠.

그럼 서양의 숟가락은 용도가 뭘까요? 수프를 먹는 용도지요. 수프를 먹는 용도이기 때문에 일반적으로 숟가락이 깊거나 동그랗게 되어 있는 경우가 많아요. 그래서 요즘에는 많이 익숙해 졌지만 한국 사람들이 양식집에 가면 가장 고민스러운 장면이 수프를 먹은 다음에 종업원이 숟가락을 가져간다는 거예요. 대부분의 경우에 숟가락은 한국 사람들이 가장 끝까지 잡고 있어야 되는 건데, 그걸 수프를 먹으면 가져간다는 거죠. 그러니까 옛날에는 한국 사람들이 "어, 이거 가져가면 안 돼요."라고 하면서 못 가져가게 한쪽에다 숨겨 놓고 그랬어요. 지금은 알고 있으니까 마음은 여전히 불편하지만 숟가락을 수프 그릇 위에다가 올려놓는 겁니다. 여전히 몇몇 사람들은 숟가락을 가져간 다음에 굉장히 불안해해요. 한국 사람들은 숟가락 문화기 때문에 숟가락이 그만큼 중요한 겁니다.

　　　그런데 '숟가락이 왜 그렇게 중요하게 됐을까?'라고 이야기할 때 그 핵심에 국이 있는 거죠. 한국이 국이나 탕이나 찌개 이런 것들이 많이 발달되어 있기 때문에 숟가락 없이 식사하기가 무척 어렵다는 거예요. 대표적인 것 중에 외국 사람들이 이해를 잘 못하는 '국밥'이라는 음식이 있죠. 한 번 생각해 보세요. 중국 사람들이나 일본 사람들이 국밥을 어떻게 먹을까요? 젓가락으로 먹어야 되는데, 굉장히 힘든 장면이에요. 일본 사람들이 식사하는 모습을 보면 항상 국을 밥에다 넣습니다. 국을 밥에다 넣고 그릇을 들고 먹게 되는 거죠. 그런데 한국 사람들은 어떻게 해요? 국에다가 밥을 탁 털어 넣죠. 갈비탕에, 설렁탕에 밥을 탁 넣어 버린단 말이에요. 그런데 국밥이라는 건 뭐예요? 아예 밥을 국에 말아서 식사를 주는 겁니다. 그래서 외국 학생들을 국밥집에 데려가서 국밥을 딱 주면 어떻게 먹어야 될지를 모르는 거예요. 거기에 문화적으로 더 재미있는 것은 중국 학생들에게 물어봤더니 중국에서 국에다가 밥을 마는 경우는 마지막에 버릴 때밖에 없다고 합니다. 더 이상 못 먹겠다고 생각될 때 밥을 국에다 넣는다는 거예요. 그리고 그건 주로 개를 준다고 합니다. 그러니까 자기한테 우리가 국밥이라고 맛있게 해서 갖다 주면은 굉장히 기분 나빠 합니다. 개 줄 음식을 나한테 줬나 보다 생각하게 되는 경우가 있어요. 이런 것에서도 볼 수 있듯이 한국 문화에서는 국이 굉장히 중요하죠. 요즘에는 좀 덜하지만 얼마 전까지만 해도 아침에 국이 없으면 밥을 안 먹는다는 사람들도 있었어요. 요즘에는 그런 사람이 용감한 사람(?)에 속하죠. 아무튼 그런 사람들이 있을 정도로 항상 밥이 있고 국이 있어요. 한국 문화에서는 밥과 국의 자리가 그만큼 중요했어요.

그렇기 때문에 '국물도 없다'라는 말은 건더기는 커녕 국물마저도 없기 때문에 굉장히 듣는 사람이 소외되고 무시되고 그렇게 되는 거죠. "넌 앞으로 국물도 없다!"라는 말은 '넌 이제 아무런 혜택도 없다.'라는 뜻이 돼요. 그렇기 때문에 굉장한 협박이 되는 거죠. 그래서 '국물도 없다'라는 말을 듣고서 사람들은 '내가 잘못했다. 국물이라도 달라.'는 이야기를 하게 되는 겁니다. 숟가락 문화와 국 문화의 두 가지 문화가 연결되어 있는 겁니다.

　　숟가락이 우리에게 얼마나 중요한지를 보여 주는 한국어의 관용 표현에 '숟가락을 놓다'라는 말이 있습니다. 외국 학생들은 절대로 이해 못하는 표현이에요. '숟가락을 놓다'라고 하면 죽었다는 뜻이에요. 그래서 제가 농담으로 이야기할 때는 젓가락은 놓아도 잘 안 죽는다고 합니다. 아까 제가 끝까지 쥐고 있는 게 숟가락이라고 얘기했잖아요? 왜냐하면 숟가락이 없으면 죽는 거니까요. 그럴 정도로 숟가락이 중요한 거거든요. 제가 어떤 경상도 노인분하고 이야기할 기회가 있었는데 어떤 심한 곳에서는 젓가락으로 음식을 먹는 것을 아주 금기시 하는 곳도 있다고 하더라고요. 숟가락으로 음식을 먹게 어려서부터 교육을 받는다고 할 정도로 숟가락이라는 것이 굉장히 중요한 문화인 겁니다. 그래서 우리가 '국물도 없다', '숟가락을 놓다'와 같은 표현들을 통해서 '아, 한국이 국물, 숟가락 문화를 가지고 있구나.'라는 것을 이해할 수 있을 겁니다. 제가 생각할 때 이것이 식사에 관련된 문화에서 제일 중요한 것이 아닌가 합니다.

3. 우리말과 '온돌' 문화

　　이제 주거와 관련된 문화에 대해서 살펴보겠습니다. 제가 재미있게 생각하는 것은 한국 사람들은 잠자는 문화에서 '등 따뜻하다'가 중요하다는 거예요. 물론 이 표현 앞에 '배부르고'가 붙죠. 그래서 '배부르고 등 따뜻하다'라고 하면 가장 만족스러운 상태가 되는 거예요. 사람들에게 먹는 것하고 자는 게 중요하죠. 배는 어느 나라 사람들이나 음식을 많이 먹으면 다 부른 것이니까 배부른 게 좋은 건 알겠는데, 등 따뜻한 건 모르겠다는 거죠. 등이 따뜻한 게 왜 좋냐 이겁니다.

　　하지만 한국 사람들은 금방 이해가 되죠? 한국 사람은 등이 따뜻해야 좋은 겁니다. 그게 온돌 문화이기 때문에 그렇죠. 온돌 문화냐 온돌 문화가 아니냐는 어마어마한 차이가 있는 겁니다. 온돌 문화이기 때문에 이런 표현이 나온 겁니다. 배가 부르고 등이 따뜻해야지 좋은 겁니다. 등이 따뜻한 것이 얼마나 민족스러운가의 척도가 된다는 말이에요. 생각을 해 보면 왜 다른 나라에서는 이런 표현이 없을까요? 제가 돌아다니면서 찾아봤는데 물론 제가 다 못 찾아 봤을 수도 있겠지만 전 세계에서 온돌 문화를 쓰는 나라는 우리밖에 없습니다.

등을 따뜻하게 하고 자는 것 즉, 온돌이 있는 문화는 우리나라밖에 없다는 겁니다. 제가 다른 나라에 갔을 때 온돌을 찾아보려고 노력했는데 못 찾았어요. 딱 한 번, 부분 온돌이라는 것을 찾은 적이 있습니다. 중국 심양에 가면 요녕성 박물관이 있고 그곳에 옛날 청나라 황제들이 살던 곳이 있습니다. 그런데 거기에 부분 온돌이 있었어요. 잠자는 곳만 돌에 따뜻하게 불이 들어가는 거죠. 그래서 제가 '어, 다른 나라도 부분 온돌은 있구나.'라고 생각했는데 다시 생각을 해 보니, 거기가 어디예요? 청나라 심양이라는 곳이 어디에 있냐면 바로 고구려 유적지가 있는 곳입니다. 고구려 고분들과 문화가 남아 있는 곳이에요. 그러니까 온돌이 고구려하고 무관하지가 않다는 겁니다. 한국과 관련된 곳이어야 그나마 그런 온돌 문화가 전체도 아니고 부분적으로 남아 있었던 거죠. 그래서 지금도 온돌 문화라고 하면 한국이 가장 먼저 떠오르는 겁니다.

재미있는 것은 요즘 다른 나라에도 온돌이 확산되고 있다는 겁니다. 중국 상해의 날씨가 은근히 춥다고 해요. 그곳은 기온이 영하로도 잘 안 내려가는데, 그러다 보니까 집에 난방 시설이 안 갖춰져 있는 거예요. 예전에는 난방이 필요 없다고 생각하고 겨울에 조금만 버티면 된다고 생각했던 거죠. 하지만 요즘 상해에 새로 생기는 많은 아파트에 온돌이 들어가고 있다고 합니다. 일본 동경에도 좋은 아파트에는 온돌이 들어가는 아파트가 있습니다. 옛날의 다다미방에서 온돌로 바뀌고 있습니다. 제가 카자흐스탄에 강의를 간 적이 있었는데, 카자흐스탄에 새로 생기는 좋은 아파트에는 온돌이 들어가요. 베트남 하노이에도 강의를 간 적이 있었는데, 하노이에도 좋은 아파트에는 다 온돌이 들어갑니다. 이렇게 본다면 이제 온돌이 더 이상 우리만의 문화도 아니에요. 세계의 문화로 서서히 바뀌어 가고 있어요. 온돌에서 자보니까 따뜻하고 좋더라는 겁니다.

재미있는 이야기를 하나 더 하자면, 외국 사람들이 한국에 와서 거의 '믿거나 말거나'에 나올 만한 일이라고 생각하는 것이 돌침대예요. 침대가 돌로 만들어져 있다는 거죠. 제가 한국어를 정말 잘하는 외국 학생들에게 물어본 적이 있어요. "자, 한국에 침대는 돌로 만들어진 것도 있다? YES OR NO?" 그러면 "에이~, 설마 침대를 돌로 만들겠어요?"라고 합니다. 그래서 "아, 우리는 흙으로 만든 것도 있다."라고 하면 더 이해를 못합니다. 그런데 정말 이해를 못하는 것은 돌침대나 흙침대가 훨씬 더 비싸다는 거죠. 아주 쿠션이 좋은 게 아니라 돌로 만들고 흙으로 만든 게 왜 훨씬 비싼가요? 왜냐하면 온도 조절이 되는 거니까 그런 거겠죠. 그래서 노인들이 그야말로 잠자리의 모양은 침대로 바뀌었지만 기능은 그대로 온돌 기능을 갖고 싶어 하는 겁니다. 여름에는 시원한 데서 자고 싶고 겨울에는 따뜻한 데서 자고 싶어 하는 겁니다. 그런 것이 온돌 문화입니다. 그래서 우리가 문화적인 것들은 많이 바뀌었다고 이야기하지만 '등 따뜻한 문화'는 사실 크게 변하지 않았어요.

온돌 문화 때문에 생긴 몇 가지 문화 현상들이 또 있습니다. 예를 들어 양반다리 자세 같은 게 그렇습니다. 우리나라 사람들이 양반다리로 앉아 있는 모습이 허벅지 부분이 바닥에 가장 많이 닿아 있는 자세라고 합니다. 다른 나라, 특히 인도 사람들도 가부좌 모양으로 앉아 있죠? 그런데 인도 사람들은 허벅지 부분이 바닥에 그렇게 많이 닿지 않는다고 합니다. 그러니까 바닥에 닿는 면을 조사해 보면 한국 사람들이 제일 많대요. 온돌 문화이니까 그렇다고 생각합니다. 가능한 많은 곳을 대고 있어야 따뜻하지 않겠습니까? 그래서 그런 문화가 발달하는 거죠.

또 제가 생각할 때 재미있는 것은 집집마다 있는 소파입니다. 소파가 우리나라에 들어올 때 제가 이런 생각을 했어요. '소파가 들어오니까 더 이상 사람들이 바닥에는 안 앉겠지?' 그런데 아직도 집집마다 가 보면 사람들이 다 바닥에 앉아 있어요. 손님들 오면 소파에 앉아서 얘기하는 집이 많지 않아요. 아주 부자 집에서나 소파에 앉아서 대화를 나누는 거지 그냥 일반적인 집에 가면 다 그냥 바닥에 찻상 같은 것을 가져다 놓고 앉아서 차를 마시면서 이야기합니다. 그래서 실제로 보면 소파 문화가 있는 것 같지만 여전히 온돌 문화가 남아 있는 것이고, 침대로 바뀐 것 같지만 여전히 돌침대나 흙침대에서 볼 수 있듯이 온돌 문화가 남아 있는 거죠.

또 다른 이야기지만 한국 사람들이 의자에 앉아 있는 모습을 보세요. 가서 보면 바닥에 두 발이 붙어 있는 사람이 거의 없어요. 식탁 의자에 앉아 있어도 양반다리하고 있는 사람들이 많아요. 제가 저희 학교 도서관에 가서 한 번 본 적이 있는데, 학생들도 다리가 다 의자 위로 올라와 있어서 아래로 다리가 안 보여요. 의자에 앉아 있지만 여전히 온돌 생활에서 벗어나지 않았다는 것입니다.

몇몇 집에 가서 식탁이 어디에 있나 보면, 식탁에서 텔레비전 안 보이는 집이 굉장히 많습니다. 식탁에서 텔레비전이 안 보인다는 말은 밥을 먹을 때 텔레비전을 봐야 하니까 식탁에서 먹지 않고 바닥으로 내려온다는 이야기가 됩니다. 이런 경우 대부분의 집이 밥상을 따로 차려서 텔레비전 앞에서 밥을 먹는다는 거예요. 그래서 제가 그 집에 가서 식탁은 왜 있나 살펴봤더니, 일반적으로 식탁이 세 가지의 다른 기능을 하더라고요. 첫째는 음식을 할 때 도구들을 올려놓는 기능으로 주로 많이 써요. 그 다음이 아침식사를 할 때, 아침에 간단하게 얼른 먹고 움직여야 할 때 그냥 식탁에 차려 놓고 움직이면서 먹는 거죠. 세 번째는 조금 특이한 경우인데, 많은 집이 식탁 의자를 옷걸이 대용으로 쓰더라고요. 그러므로 제가 볼 때는 식탁도 우리 문화 속으로 들어왔지만 여전히 온돌 문화 속에 살고 있다는 거죠. 그러니까 침대도 소파도 그렇고, 실제로 보면 등이 따뜻한 게 좋았던 온돌 문화를 벗어나고 있지 않다는 것입니다. '배부르고 등 따뜻하다.'는 말이 한국의 주거 문화를 보여 주는 대표적인 표현입니다.

여기에 조금 더 덧붙이면 이건 최근에 제가 좋다고 생각하는 건데, '먹고 살 만하다.'라는 표현이 있습니다. '배부르고 등 따뜻하다.'라는 말과는 조금 다르긴 하지만 '먹고 살 만하다.'라는 말에서 우리가 '그냥 살 만해.'라고 말하지 않고 '먹고 살 만하다.'라고 이야기하는 게 재미있다는 생각이 들었습니다. 먹는 것, 입는 것, 자는 것을 우리가 보통 의식주(衣食住)라고 이야기하죠. 보통 가장 앞에 나오는 글자가 가장 중요한 글자인데, 한자에서 보면 의(衣)가 가장 중요합니다. 입는 것이 제일 중요하다는 거죠. 그런데 우리는 '먹고 자고, 먹고 입고'라고 표현을 해요. 그래서 한국 문화에서는 먹는 것이 가장 중요합니다. 우리는 일단 잘 먹어야 돼요.

제가 '먹고 살 만하다.'라는 표현이 좋다고 생각하는 이유는 뭐냐 하면, 이 말에는 욕심이 많이 느껴지지 않는다는 것입니다. 그저 먹고 살 만하면 되는 거예요. 그런데 만약에 입고 살 만하거나 자고 살 만한 것에는 욕심이 생기게 됩니다. 더 좋은 집에 살고 싶고, 더 멋있는 옷을 입고 싶죠. 이런 것들에 대한 욕심이 생기고 그 욕심에는 끝이 없습니다. 그런데 먹는 것은 욕심에 끝이 있어요. 아무리 비싼 음식도 세 끼를 똑같이 주거나 아무리 좋은 음식도 한 번에 두 공기, 세 공기 먹으려면 그것은 오히려 고통이 돼요. 그래서 한국말에 이런 말이 있습니다. '하루 밥 세 끼만 먹으면 된다.'라는 말이에요. 누구는 다섯 끼, 열 끼를 먹겠나, 무엇을 더 욕심내겠느냐는 겁니다. 물론 다섯 끼 먹는 사람도 있긴 하겠지만 보통 세 끼를 먹으면 그만이라는 거죠. 아무리 부자라고 하더라도 김치찌개, 된장찌개가 먹고 싶은 거예요. 부자가 먹는 된장찌개라고 해서 그게 금으로 만든 된장찌개겠어요? 된장찌개를 먹고 싶어 하고, 김치찌개를 먹고 싶어 하고, 그 정도면 됐다는 거예요. 이 '먹고 살 만하다.'가 제가 요즘에 하고 있는 반성입니다.

　　　'먹고 살 만하다.'라는 말 뒤에 덧붙어야 되는 말이 있어요. "먹고 살 만하면 뭘 할 건데?" 먹고 살 만하면 해야 될 일들이 있는 거예요. 그 일에는 두 가지가 있다고 생각해요. 하나는 못 먹고 사는 사람도 돌아봐야 한다는 것이죠. 내가 먹고 살 만하다면 옆에 주린 배가 있는 사람은 없는지, 돌아봐야 되는 거죠. 배가 불러서 더 이상 먹지도 못하는데 무엇을 더 채워 놓으려고 하지 말고 주변에 주린 사람들은 없는지 살펴봐야 한다는 겁니다. 또 하나는 '사람이 빵으로만 살 것인가'하는 겁니다. 저는 이 말이 참 좋다고 생각합니다. 사람은 먹고만 사는 건 아니라는 거죠. 사람이니까 단순하게 먹는 걸 떠나서 깨달으면서 살아야 한다는 거죠. 자신을 발전시키고, 자신의 가치를 높이고, 내가 깨닫기 위해서 어떤 일들을 하는지 고민을 해야 하는 겁니다. '먹고 살 만하다.'는 그런 의미에서 한국어의 음식과 관련된, 먹다와 관련된 표현 중에 참 좋은 표현이라고 생각합니다.

4. 우리말과 '재미' 문화

　　'한국 사람들이 중요하게 생각하는 것이 또 뭐가 있을까?'라고 하면, 저는 '재미'라고 이야기하고 싶습니다. 이것도 참 좋은 단어예요. 웃긴 이야기이지만 재미라는 말이 한국어에서는 협박이 될 수 있어요. 그 중에 제일 많이 나오는 표현이 '재미없을 줄 알아'라는 말이에요, 그러니까 '너 앞으로 재미없어!'라고 이야기한다면 그건 협박이 되는 거죠. 그러니까 다른 언어적 배경을 가진 사람들은 이해가 잘 안 되는 거예요. 재미가 없는 것이 협박이 될 정도니까 반대로 이야기하면 우리에게 제일 중요한 것은 재미가 되는 겁니다.

　　또 이런 표현도 많이 쓰죠? '요즘에 사는 재미가 없다.' 인생은 재미가 있어야 되는 겁니다. 그런데 재미라는 게 생각해 보면 웃긴 것은 아니에요. 웃긴 게 재미있는 것도 아니죠. 재미있으려면 뭔가 의미가 있어야 됩니다. 예를 들어 우리가 코미디 영화를 보고 나서 재미가 없다고 합니다. 웃겼지만 재미는 없는 거죠. 반면 슬픈 영화를 보고, 실컷 울고 나와서 재미있었다고 해요.

재미는 웃긴 것하고는 관계가 없습니다. 어떤 의미가 있느냐가 중요한 거죠. 그래서 우리가 재미란 말을 여기저기서 많이 씁니다. '사업 재미가 어때? 신혼 재미가 어때?' 등 이렇게 재미가 있어야 되는 거예요. 그래서 우리가 그야말로 재미있는 표현으로 '재미가 좋다'라는 표현이 있죠. "요즘 재미 좋아?"라고 물어보죠. 재미는 항상 좋은 거예요. 그래서 '재미가 좋다'라는 말은 있는데 '재미가 나쁘다' 이런 말은 안 씁니다. 재미는 있으면 좋은 거니까요.

'재미있다'라는 말은 좋은 거죠. 재미가 없으면 나쁜 거죠. 그래서 재미가 있고, 없고, 좋고 이렇게 표현을 하는 겁니다. 그래서 한국 사람들한테는 재미가 제일 중요합니다. 그래서 제가 농담으로 한국에서 하기 매우 어려운 직업 중에 하나가 코미디언이라고 말합니다. 코미디언일 수밖에 없는 게 웬만해서 우리가 재미있어하지를 않거든요. 서양 코미디를 보면 서양 사람들은 정말 잘 웃잖아요. 그런데 우리는 잘 안 웃어요. 어떨 때 보면 실제로 그렇게 재미도 없어요. 왜냐하면 텔레비전에 자주 안 나와서 그렇지 개그맨 어머님이 더 웃겨요.

또 개그맨 아버지가 훨씬 웃긴 사람들이 많아요. 단지 그 사람은 텔레비전에 안 나올 뿐입니다. 동네에 가 보세요. 동네 아줌마들이 얼마나 웃깁니까? 시골에 가면 정말 웃기신 할머니들도 많아요. 전국노래자랑 이런 것 보시면 알잖아요. 그런 사람들 앞에서 웃기려니까 개그맨들은 얼마나 힘들겠어요.

재미가 굉장히 중요한 민족이기 때문에 그런 의미에서 본다면 '21세기 문화의 세기, 한류의 시대' 이런 것들에 대하여 이야기할 때 '어, 충분히 가능성이 있는데?' 이렇게 생각이 됩니다. 한국 사람들은 재미있는 게 중요하니까요. 재미를 굉장히 중요하게 생각했기 때문에 어떤 드라마를 만들든지, 어떤 음악을 만들든지, 어떤 공연을 하든지 간에 굉장히 재미있게 합니다. 그러니까 이것이 이제 세계로 통하는 거예요. '다른 나라 사람들이 한국의 문화나, 공연을 좋아할까?'라고 생각이 되겠지만 정말 좋아해요. 영화도 그렇고 노래도 그렇고 외국 사람들이 보기에도 재미있고 감동을 주거든요. 그런 것들이 다 제가 볼 때는 재미를 좋아하는 한국의 문화적인 배경들이 있는 거라고 생각합니다. 경제가 발달한다

고 해서 어느 나라나 모두 다 한류처럼 되는 건 아니잖
아요?

　　유럽의 어떤 문화나 일본의 어떤 문화가 있다
고 해서 지금 한류처럼 세계적으로 많은 사람들에게
즐거움과 감동을 줄 수 있느냐 하면 그건 아니라고 봐
요. 한류가 성공하는 것은 그 기저에는 재미를 좋아하
는 한국 문화가 있었기 때문에 가능한 것이라는 이야
기를 드리고 싶습니다. 우리가 재미없는 것들에 대한
배격들이 있기 때문에 평소에 한국 대학생들이나 중
고등 학생들이 하는 이야기를 들어보면 "요즘에 재미
있는 일 있냐? 재미있는 일 있어?"하면서 인사말을 하
는 경우도 많습니다. 그래서 이른바 우스갯소리를 모
아 놓은 책을 보면 '정말로 한국 사람들이 재미있는
이야기를 많이 하는구나.'라는 생각이 들어요. 그런 문
화들이 재미를 중요시하는 문화에서 생긴 것이고 그
런 것을 잘 알 수 있는 표현이 '재미없을 줄 알아라.'라
고 생각합니다.

5. 한국 문화를 나타내는 여러 표현들

1) 점잖다와 어리다

　　'점잖다'라는 말은 젊지 않다는 뜻이에요. 근데 '점잖다'라는 말의 느낌이 어때요? "저 사람은 점잖은 사람이야."라고 했을 때 느낌이 좋죠? 어떻게 보면 어느 언어에 '젊지 않다'라는 표현이 좋은 뜻인 경우가 있을까 하는 생각이 들어요. '젊지 않다'라는 표현이 좋은 뜻이 돼 버린 거예요. 사실 예전부터 한국 사람들은 젊지 않은 것을 좋아했어요. 젊은 사람들은 판단을 가볍게 할 수 있는 사람들이죠. 진취적인 모습도 있기는 하지만 판단이 가벼워질 수 있는 사람들이에요. 판단은 함부로 해서는 안 되는 거죠.

　　그래서 우리는 옛말에 '어리다'라는 표현이 '어리석다'라는 뜻으로도 쓰였어요. 훈민정음에 '어린 백성'이라고 나오는데 그게 '어리석은 백성'이라는 뜻으로 쓰였던 거죠. 저는 어린 백성이라는 말을 '어리석다'라는 말로 단정적으로 얘기하지 말아야 한다고 봅니다. 한국 사람들이 바라보는 사고에서는 어린 사람은 아직 모든 부분이 완성되지 않은 상태니까 돌봐 줘야 한다는 의미로 사용된 것 같아요. '어리다'는 것이 '바보 같다'라는 뜻이 아니라 '아직 채워지지 않은, 자라야 하는 사람'이라는 의미로 사용되었던 거죠. 그렇기 때문에 점잖은 게 좋은 겁니다. 어떤 사람이 한국의 초상화들을 보면서 왜 이렇게 할아버지, 할머니들만 나타나 있냐고 의아해 합니다. 생각해 보면, 옛날에 그림을 그리는 사람들은 젊은 사람들을 그리고 싶은 마음이 적었을 거예요. 왜냐하면 아직 완성되지 않고, 아직도 무언가가 채워지지 않았다는 생각이 들었을 겁니다. 노인을 그렸는데 노인의 쭈글쭈글한 주름도 다 그리고, 검버섯도 그리고, 기미도 그리고, 어떤 사람은 눈이 사시면 사시도 그대로 그렸어요. 그런 겉모습이 중요한 게 아니라는 거죠. 그 사람이 갖고 있는 깨달음의 정도, 가치 등 이런 것들이 중요한 거였습니다. 한국의 초상화를 보면서 감동이 드는 이유이기도 합니다. 그렇기 때문에 '점잖다'라고 이야기하는 거죠. 함부로 행동하지 않고 자기가 자신의 가치를 지키면서 사는 사람들을 우리는 점잖은 사람이라고 이야기합니다. 그런 의미에서 본다면 예의를 지키고 버릇 있게 사는 사람들이 나중에는 모두 점잖은 사람들로 바뀌어 가는 거라고 이야기할 수 있겠습니다.

한국어 표현들 중에 '점잖다'와 비슷한 구조로 되어있는 '귀찮다'라는 표현도 분석해 보면 재미있는 것 같습니다. '귀찮다'라는 말은 무슨 뜻일까요? 이것을 잘라 보면 '귀하지 않다'라는 말이에요. 귀하지 않은 것이 귀찮은 거죠. 제 책에도 그런 글을 쓴 적이 있는데 귀찮다고 얘기하는 것치고 귀하지 않은 것이 없습니다. 사실상은 '귀찮다'라는 말은 귀하지 않다는 뜻인데 실제로 보면 그것들이 제일 귀한 거라는 거예요. 예를 들어 우리가 '밥 먹기 귀찮다'고 이야기해요. 하지만 밥 먹는 게 얼마나 중요합니까? 그런데 밥 먹기가 귀찮다고 하죠. 어떤 사람들은 여행가기도 귀찮아해요. 하지만 다리가 아파 보세요. 가고 싶어도 못 가는 거죠. 움직일 수 있다는 것이 감사한데 자꾸 귀찮아한다는 겁니다. 자식도 귀찮고, 남편도 귀찮고, 부인도 귀찮아요. 하지만 누구라도 한 명 아파 보세요. 그런 생각이 듭니까? 따라서 귀찮다고 얘기하는 것치고 귀하지 않은 것이 없더라는 겁니다. 저는 제가 '귀찮다'라는 말을 하려고 할 때마다 물어봅니다. 이것이 정말로 귀하지 않은 건가? 아니면 정말 귀한 건가? 그 생각을 하면서 살면 훨씬 더 많은 깨달음이 있을 겁니다.

2) 한국인이 좋아하는 어휘 1: 시원하다

한국어를 배우는 사람들이 오해를 많이 하는 것, 한국 사람들도 종종 오해하는 어휘 중에 하나가 '시원하다'입니다. 저는 오히려 이 단어를 보면 한국 사람을 조금 더 이해할 수 있을 것 같습니다. 우리 이런 농담도 하죠? 뜨거운 물에 들어가서 할아버지가 "시원하다!"라고 이야기를 했는데 손자가 그것을 오해하고 그 물에 들어갔다가 혼쭐이 났다는 이야기요. 그런데 들어가 보시면 알 수 있어요. 뜨거운 물에 들어가도 뜨거운 경우가 있고 시원한 경우가 있고 그래요. 너무 뜨거운 물에 들어가면 뜨겁습니다. 그 경우에는 그냥 뜨겁다고 합니다. 그런데 어느 정도 뜨거운 물에 들어가면 괜찮습니다. 오히려 기분이 좋아집니다. 그때 우리는 '시원하다'라고 표현을 합니다.

이 '시원하다'는 것은 '차갑다'는 뜻이 아니라 가슴이 탁 트인다는 뜻이에요. 그래서 뜨거운 물에 들어가도 충분히 가슴이 탁 트이는 느낌, 즉, '시원하다'는 느낌을 받을 수 있어요. 좋은 온천에 들어가거나 추운 곳에 있다가 뜨거운 물에 들어가 보세요. 오히려 뜨거운 느낌이 아니라 정말로 가슴이 탁 트이는 시원한 느낌을 받을 수 있어요. 시원한 게 물만 시원한 게 아닙니다. 경지도 시원하죠? "이야, 참 경지가 시원하구나."라고도 합니다. 탁 트였기 때문에 그래요. 꽉 막혀 있는 곳에서 경치가 시원하다고 말하지는 않습니다. 목소리가 시원하다고 합니다. 우리가 작은 목소리를 시원시원하다고 합니까? 그렇지 않아요. 크고 우렁찬 목소리, 탁 트인 목소리를 시원시원하다고 하죠.

성격도 시원시원하다고 합니다. 성격도 꽉 막혀 있고 다른 사람이 비집고 들어올 틈을 주지 않는 그런 성격을 가진 사람한테 시원하다고 하지는 않죠. 자기가 갖고 있는 것을 베풀 수 있는 사람들, 널리 다른 사람들의 모습들을 이해하려고 노력하는 사람들한테 우리가 시원시원한 성격이라고 이야기하는 겁니다. 자기가 갖고

있는 것을 제대로 쓸 줄 아는 사람들한테 시원시원하다
고 이야기하는 거죠. 이 '시원하다'라는 말은 한국 사람
들이 굉장히 좋아하는 표현이에요. 시원시원한 성격, 시
원한 물, 찌개를 먹을 때도 시원하고, 경치도 시원한 겁
니다. 시원한 것에는 이렇게 탁 트인 느낌이 있는 거죠.

3) 한국인이 좋아하는 어휘 2: 구수하다

　　　다음으로 우리는 오래된 것을 좋아해서 '구수하
다'라는 표현을 좋아해요. 한동안 경제가 매우 발전할
동안에는 그렇지 않았습니다. 사실 경제가 급속도로 발
전하는 동안에 오래된 것만 좋아하고 고수한다면 그것
도 이상한 겁니다. 어제하고 오늘이 달라졌는데 계속 옛
날 것들만 좋아했다면 그것도 이상한 거죠. 하지만 생각
을 해 보세요. 우리 경제가 발달하기 시작했다고 이야기
하는 시기가 70년대 초반에 시작해서 지금까지 얼마나
되었겠어요? 잠깐 과거 전통의 모습을 등한시했던 시절
이 있었겠지만, 그건 제가 볼 때 무척 짧은 시간이었어
요. 사물놀이가 인기가 좋아져서 대학마다 사물놀이를
배우고, 전통문화를 좋아하는 그런 모습들이 그대로 나

타나고 있잖아요? 많은 부분에서 과거의 모습들을 단순하게 '과거의 것이니까' 하고 무시하는 것이 아니라 그것을 새롭게 창조하는 경우가 많아요.

요즘에 한복이라든지 한옥에 대한 선호도를 좀 보세요. 한옥에서 살고 싶다는 사람들이 정말 많아요. 최소한 체험이라도 해 보고 싶다고 이야기하고, 관광도 인사동, 가회동, 북촌, 전주, 안동 하회마을 등 전통적인 곳으로 많이 갑니다. 옛날 가구도 좋아하게 되고 옛날 모습도 좋아하게 되었습니다. 우리가 다른 나라에 비해서 과거에 대한 향수들도 많은 부분 그대로 갖고 있다고 말할 수 있습니다. 그런 의미에서 '구수하다'는 단어 역시 굉장히 좋은 느낌으로 살아있는 단어예요.

구수한 것은 맛만 구수한 것이 아니죠. 구수한 맛과 냄새도 있지만 구수한 목소리도 있고, 구수한 이야기도 있어요. 구수한 것이 좋은 거예요. 뭔가 오래된 것들이 좋은 겁니다. 그러니까 실제로 한국의 음식 문화를 보면 젓갈 문화나 김치 문화 같이 오래 묵혀 두는 음식이 다른 나라에 비해서 매우 발달했죠. 오래 두고 먹는 것, 오래 두고 감상하는 것, 오래된 것들에 대해서 선호도를 갖는 것이 구수함을 좋아하는 그런 문화라고 생각을 합니다. 그래서 한국의 문화를 이해하는 여러 가지 핵심이 되는 단어들이 있겠지만 지금 설명해 드린 '구수하다'의 의미를 잘 새겨서 생각해 본다면 좋지 않을까 생각합니다.

6. 한자어를 통한 가치 교육

지금까지 한국의 어휘들 중에서 한국 문화를 나타내는 것들에 대해 몇 가지 설명을 했어요. 이제 여기서는 한국에서 쓰이는 한자 어휘들을 함께 살펴볼까 합니다. 한자 어휘라고 하면 중국어처럼 생각하는 경향이 있는데 그렇지 않습니다. 외래어는 수용한 언어의 어휘라고 할 수 있습니다. 엄밀하게 말해서 한자 어휘의 경우는 중국에서와 쓰임 자체가 다른 경우가 많습니다. 우리나라에서 새로운 의미를 획득하기도 하는 겁니다. 한자어를 통해서 삶의 가치를 가르칠 수도 있습니다. 중국이나 일본에서 온 학생들도 한자의 의미에 대해서는 잘 모르는 경우가 많습니다. 이제 제가 설명하려고 하는 어휘는 한자어이지만 한자어권 학생도 그 가치를 잘 모르는 것들입니다. 이런 어휘들을 통해서 한자어뿐만 아니라 동양 문화의 가치까지도 넓게 설명할 수도 있습니다.

1) 동정(同情)

그런 단어 중에 하나가 '동정(同情)'입니다. 사람들이 '동정'이라는 단어를 잘못 생각하는 경우가 대부분이에요. 보통 저 위쪽에 있는 사람들이 아래에 있는 불쌍한 사람들을 도와줘야 할 것 같은 마음을 '동정'이라고 생각하잖아요? 하지만 그건 '동정'이 아닙니다. 엄밀한 의미에서 '동정'은 그런 것이 아니에요. 동정이란 한자를 들여다보면, '동' 자가 '같을 동(同)' 자입니다. 거기에 생각하다는 의미의 뜻 '정(情)' 자가 들어가 있어요. 그래서 '동정하다'가 무슨 뜻이냐면 '내가 그 사람이 되어 생각해 본다.'는 거예요. 내가 그 사람의 입장이 되어서, 그 사람의 위치에서 생각해 보고 도와주는 것이 동정이 되는 거죠. 그런데 우리가 아는 동정은 어떻습니까? 저 위에서 저 아래를 내려다보면서 '불쌍한 것들……'이라며 적선이나 하는 듯이 도와줍니다. 그렇게 하는 건 동정이 아닌 거죠. '동정'이란 단어에 이미 그 의미가 들어 있으니까 단어 뜻대로만 행동하면 됩니다. 그런데 우리가 그렇게 행동하지 않으니까 '동정'이 문제가 되는 거죠. 그래서 심하게는 "날 동정하지 마!" 이렇게도 이야기를 하는데, 사실 '동정'은 좋은 겁니다. 제가 볼 때 '동정'은 하면 할수록 좋을 것 같아요. 그 사람의 입장이 되어서 생각해 보는 거니까요.

2) 덕분(德分)

'덕분'이라는 단어도 굉장히 좋은 단어예요. 그런데 우리는 '덕분'이라는 단어의 의미에 대해서 명확하게 생각을 안 해 보는 것 같습니다. '덕분'이라는 단어가 뭡니까? '선생님 때문에'라는 표현과 '선생님 덕분에'라는 표현이 느낌이 전혀 다르죠? '때문에'라고 하면 별로 좋은 것 같지 않지만 '덕분에'라고 하면 좋은 의미로 느껴집니다. 왜 그럴까요? 그건 '덕분'이라는 말에 그런 뜻이 담겨 있기 때문입니다. '덕분(德分)'이라는 한자에서 알 수 있듯이 덕을 나눈다는 뜻이에요. 선생님이 나에게 덕을 나눠 줬기 때문에 좋은 뜻이 되는 거죠. 덕을 나눠 줬는데 어떻게 나쁜 뜻이 될 수 있겠어요? 그래서 '선생님 덕분에, 아버지 덕분에, 여러분들 덕분에, 또 학생들 덕분에'라고 이야기할 때는 그 사람이 나에게 준 덕을 고마워하면서 이야기해야 하는 겁니다. 그런데 제가 생각할 때 그 인사를 받는 사람들에게도 문제가 있어요. 누가 나한테 와서 "선생님 덕분에 이번에 일을 잘 끝낼 수 있었습니다."라고 하면 생각을 해 봐야 합니다. 그런데 생각해 보면 반성이 되는 거예요. 난 그 사람한테 그만큼 덕을 나눠 줘 본 적이 없거든요. 그러므로 그런 인사를 받았을 때는 내가 진짜로 덕을 나눠 줬는지에 대해서 고민을 해야 됩니다. 그런 인사를 나눌 때마다 인사를 하는 사람은 그 덕을 고마워해야 하고 인사를 받는 사람은 내가 나눠 준 덕이 도대체 있었는지에 대해서 고민을 해 봐야 된다는 이야기를 드리고 싶어요. 그러면 세상이 아름다워질 겁니다. '덕분'이라는 단어도 그런 의미에서는 좋은 단어입니다. 한자로 된 단어니까 무조건 한국어 단어가 아닌 것은 아닙니다. 한국 사람들이 쓰는 단어면 그것은 한국어 단어인 겁니다. 물론 어떤 어휘를 사용할 때는 무조건 쓰지 말고 그 말이 담고 있는 생각과 가치를 살펴봐야 합니다.

3) 한심(寒心)

우리는 종종 주변에 한심한 사람이 많다고 이야기합니다. '한심(寒心)'이라는 단어의 뜻은 '심장이 차갑다'는 의미예요. '찰 한(寒)' 자에 '마음 심(心)' 자입니다. 심장이 차가운 사람이 한심한 사람인 거예요. 새로운 일을 보면 심장이 뛰어야 합니다. 새로운 곳을, 아름다운 곳을 보면 가고 싶어야 해요. 이때 심장이 뛰는 사람들은 한심한 사람이 아닙니다. 그런데 새로운 일을 보면, '아 귀찮아, 싫어, 안 할래, 그걸 내가 어떻게 해?'라고 생각하는 사람들은 심장이 차가운 사람들이에요. 새로운 일을 봐도 심장이 뛰지 않는 사람들이 한심한 거죠. 젊은 사람이건 나이 먹은 사람이건 한심한 것에는 나이가 없습니다. 내 심장이 안 뛰면 그 순간 나는 한심해지는 거죠. 새로운 것을 보고 흥분이 돼야 합니다. 하고 싶어야 되고, 가고 싶어야 되는 거죠. 먹고 싶어야 되고, 보고 싶어야지 한심해지지 않는 거죠. 그러면 한심해지지 않는 방법은 뭘까요? 그것도 역시 한자에 힌트가 있어요. 바로 심장을 뜨겁게 하는 거죠. 심장을 뜨겁게 하면 한심해지지 않습니다. 그게 바로 '열심'입니다. '뜨거울 열(熱)' 자에 '마음 심(心)' 자를 쓴 겁니다. 자신의 심장을 뜨겁게 하면 우리가 한심한 사람이 아니고 열심히 하는 사람으로 바뀌게 되는 겁니다.

7. 강의를 마치며

　　제가 이 강의의 마지막에 한심과 열심을 이야기하는 것은 한국어 교육에 대한 태도를 이야기하고 싶어서입니다. 저는 한국어와 한국 문화, 그리고 한국 어휘와 한국인의 사고를 이야기하면서 '모두가 열심히 하는 사람이었으면 좋겠다.'라고 결론을 내리고 싶습니다. 어떤 어휘를 보면 무슨 뜻인지 궁금해 해야 합니다. 그 어휘 속에 담긴 한국인의 사고를 궁금해 해야 하고, 그 문화를 궁금해 해야 합니다. 그래야 내 심장이 뛰기 시작하거든요. 그래야 내가 한심하게 단순히 먹고 사는 것이 아니라 가치 있는 삶을 사는 거라고 생각합니다. 모두 한국어 교육을 하면서 그런 삶을 살기를 바랍니다. 저도 그런 삶을 살도록 제 심장이 뜨겁게 뛰도록 노력하겠습니다.

제 강의를 들어주셔서 감사합니다.